책이 우리를
이어 줄 거야

책이 우리를 이어 줄 거야

N권의
책 속,

길을 내는
질문들

박현희
지음

북트리거

당신이 딛고 건널 징검다리에 디딤돌 하나 보태는 마음

진로가 장래 희망·직업과 동의어로 사용되던 시절도 있었으나 그 또한 옛날이야기가 된 지 오래다. 이제 20대 초중반에 얻은 직업으로 평생을 살아갈 것이라고 믿는 사람은 아무도 없다. 평생직장은 사라졌으며 우리는 여러 개의 직업과 직장을 경험하게 될 것이다.

'밝은책방'이라는 독립 책방의 운영자는 변호사다. 약국 안에 책방 공간을 두고 약국과 병행해서 운영하고 있는 '아직 독립 못 한 책방'의 주인장은 약사다. '니은서점'의 마스터 북텐더로 활약하고 있는 이는 사회학 교수인가 하면, 『미스 함무라비』의 저자 문유석은 부장판사 자리를 걷어차고 나와 전업 작가로 살고 있다. 미스터리 작가로 활약하고 있는 서아람은 전직 검사다.

물리치료사 유튜버, 의사 블로거는 이제 신기한 사례도 아니다. 교사인 내 친구는 몇 년 전부터 맹렬히 타로 상담을 수련하며 타로 상담사로, 타로를 즐길 수 있는 카페 운영자로 거듭나는 중이다. 이 글을 쓰고 있는 나도 마찬가지다. 교사의 일을 하고 있지만 작가로, 독서 클럽 운영자로 또 다른 일을 한다. 이런 사례를 밤새도록이라도 나열할 수 있다. 그런 세상이다.

'진로'란 앞으로 나아갈 길, 앞으로의 삶의 방향을 의미한다. 진로를 탐색하는 방법으로 독서를 선택했다 하더라도 그것이 특정 직업에 대한 이야기로 국한되어서는 안 될 것이다. 그렇다면 꿈을 찾는 여정에서는 어떤 책을 펼쳐야 할까? 좀 헐거운 대답을 찾아본다 치면, 그냥 무슨 책이든 읽으면 된다. 그림책 『나의 를리외르 아저씨』를 읽고 책 제본가의 길을 발견할 수도 있고, 만화책 『슬램덩크』를 읽으며 치열하게 도전하는 삶의 태도를 배울 수도 있을 것이다.

하지만 나는 좀 더 촘촘한 대답을 하고 싶다. 2023년 대학 입시를 끝으로 대입 전형을 위한 자기소개서는 사라졌지만, 자기소개서가 담고 있는 질문은 여전히 유의미하다. 나는 이 질문이 진로를 탐색하고 있는 이들 모두에게 도움이 된다고 생각한다. 그러니 다음 두 질문을 출발선으로 삼아 진로 탐색의 여정을 떠나 볼 것을 제안한다.

질문 ①

고등학교 재학 기간 중 자신의 진로와 관련하여 어떤 노력을 해 왔는지 본인에게 의미 있는 학습 경험과 교내 활동을 중심으로 기술해 주시기 바랍니다.

질문 ②

고등학교 재학 기간 중 타인과 공동체를 위해 노력한 경험과 이를 통해 배운 점을 기술해 주시기 바랍니다.

첫째, 자신의 진로와 관련해서 무언가를 알기 위한 노력이 필요하다. 무엇을 알아야 할까? 결국 나와 세계에 대한 올바른 이해가 아닐까? 이를 위해 「제대로 알다」와 「새롭게 보다」라는 챕터를 만들었다.

1부 「제대로 알다」에서는 세상을 온전히 보는 것을 돕는 책들을 준비했다. 나를 둘러싼 세계를 정확히 안다는 것은 매우 중요하다. 잘못된 정보에 기초한 판단, 지레짐작으로 내리는 결정은 우리를 잘못된 길로 이끌 것이다. 2부 「새롭게 보다」에서는 우물 안 개구리에서 벗어나 자신의 세계를 확장하는 데 도움이 될 책들을 모아 보았다.

둘째, 타인과 공동체를 위한 실천이 필요하다. 좋은 일은 타인과 공동체를 향한다. 나만을 위한 일 말고 세상을 위한 일, 이것이 내 삶을 가치 있게 만들 것이며 결국 자기 자신에게도 최선의 선택이 될 것이다. 타인과 공동체를 위해서 가장 먼저 해야 할 일은 문을 여는 것, 담을 넘는 일이다. 인류의 일원으로서 우리는 모두가 다르면서도 같은 존재들이기 때문이다.

3부 「경계를 넘다」에서는 이러한 다름을 이해하기 위한 책들을 준비했다. 마지막으로 할 일은 손을 잡는 일이다. 연대의 힘은 강하다. 우리는 기꺼이 다른 이의 손을 잡음으로써 자신의 세계를 확장하고 힘을 키울 수 있을 것이다. 위기의 순간에 합체하여 악의 무리를 소탕하는 로봇 전사들을 생각해 보라. 4부 「손을 잡다」에서는 연대의 힘을 키우는 책들을 만날 수 있다.

이 책을 다 읽는다고 해서, 또 여기에 소개된 책들을 다 읽는다고 해서 진로 탐색이 깔끔하게 완결될 것이라고 기대해서는 곤란하다. 세상의 어떤 책을 읽는다 해도 그 책들이 당신이 살아갈 삶의 방향과 방법을 모두 알려 주지는 못할 것이다.

우정에 대한 책을 아무리 많이 읽어도 결국엔 정말로 사람을 만나 조심스럽게 다가가고, 부드럽게 대화하고, 서로 삶의 굽이굽이를 함께한 역사가 있어야 비로소 친구를 사귀고 우정을 쌓는 게 가능하다. 수영에 대한 책을 백날 읽어도 직접 물에 뛰어들어 허우적거리고, 물에 대한 두려움과 정면으로 맞서고, 헉헉거리며 팔다리를 열심히 움직인 경험 없이 수영이 저절로 되는 기적은 일어나지 않는다. 그러니 독서보다 더 중요한 것은 직접 뛰어들어 자기 인생을 살아 나가는 것이다.

다만, 좋은 책들은 당신이 딛고 건널 징검다리 정도는 되어 줄 것이다. 듬성듬성 놓여 있기 때문에 헛디디면 신발을 물에 적실 수도 있고, 튼튼한 돌다리에 비해 건너갈 때 각오도 좀 필요하다. 하지만 중간중간의 디딤돌을 의지 삼아, 힘을 내어 한 걸음 한 걸음 나아가다 보면 어느새 강 건너편에 도착해 있는 자신을 만날 수 있을 것이다.

강 건너편에 도착했다고 여정이 끝나는 것도 아니다. 어려움은 계속될 것이다. 이 길이 아닌가 봐, 생각하며 방향을 바꿀 수도 있고, 되돌아올 수도 있다. 주저앉거나 드러누워 쉴 수도 있다. 잠깐 쉬려는 마음으로 멈추었으나 생각보다 오래 그 자리에 머물게 될 수도 있다. 그래도 괜찮다. 이 여정은 어딘가에 도착하는 것이 목표가 아니기 때문이다. 중요한 것은 포기하지 않고 계속하는 것 아니겠는가.

그렇기는 하지만 이왕이면 좋은 정보를 가지고 떠난다면 엉뚱한 길에서 헤매는 일이 줄어들 것이고, 단단한 마음을 가지고 있다면 헤매는 동안 덜 흔들릴 것이다. 마주 잡을 손이 있다면, 멀리서라도 서로에게 응원을 보내 줄 수 있다면 우리는 더 힘을 낼 수도 있을 것이다. 그럴 때 여기서 소개하는 책들이 작은 도움을 줄 수 있을 것이라 믿는다. 덧붙여, 이 책은 2020~2023년《고교 독서평설》에 연재했던 원고를 간추리고 새로 고쳐 쓴 것이다. 오랜 기간 귀한 지면을 허락해 준 독서평설 편집 팀에 깊은 감사를 드린다.

이 책을 마감하는 지금, 고등학교는 입시 원서를 쓰느라 분주한 계절에 접어들었다. 대학 입시 하나만을 바라보며 여기까지 왔는데, 원서를 쓰는 지금까지도 적성과 흥미가 무엇인지도 잘 모르겠고, 어떤 학과에 입학해야 딱 맞는 길이 펼쳐질지도 알 수 없다며 혼란스러워하는 친구들이 많다. 그 친구들에게 말해 주고 싶다.

지금 혼란스럽다면 당신은 좋은 자세로 인생을 대하고 있는 것이다. 당신이 인생을 정직하게 마주하고 있기 때문에 혼란스러운 것이다. 그러니 안심하라. 두려움을 완전히 떨칠 수는 없겠지만, 두려움에 잡아먹히지는 말자. 후회가 없을 순 없겠지만, 후회에 떠밀리지는 말자. 열여덟 살에 대입 원서를 쓰면서 완성되는 삶이란 없으며, 대학 입학으로 보장되는 삶도 없다. 우리는 계속 망설이고 흔들리며 조금씩 앞으로 나아갈 뿐이다.

- 2024년 2월, 박현희

목차

3부_ 경계를 넘다

4부_ 손을 잡다

◦ 1부 ◦

제대로 알다

문제 풀이를 하다 보면 '다 아는데 틀렸다'라는 말을 자주 하는 학생이 있다. 높은 확률로 그 학생은 유사한 문제를 다시 틀린다. 자기가 안다고 굳게 믿고 있기 때문에 그 부분을 제대로 공부하지 않기 때문이다. 질문과 답을 주고받으며 잘 들여다보면, 열에 아홉은 정확히 알고 있지 않아서 틀린 것인데 본인이 그걸 인정하지 않는다.

모르는 것은 심각한 문제가 아니다. 모른다는 것을 깨닫는 순간 알아보면 되니까. 그러려고 우리가 공부하는 것 아닌가. 진정 심각한 것은 자기가 모른다는 것을 모르는 것이다. 다 알고 있다는 믿음에 사로잡힌 사람에게는 새로운 배움이 찾아갈 수가 없다. 시험 문제 한두 개에서 그런 우를 범하는 것이야 긴 인생을 놓고 보면 그리 큰 문제가 아닐 수도 있다. 하지만 인생의 중요한 문제들에 대해서도 '나는 다 알고 있다'는 태도를 고집하면 그건 큰 문제가 된다.

그런데 우리는 일상적으로 그런 우를 범한다. 특히 정보를 얻는 주된 경로가 인터넷이 되면서부터 상황은 더 심각해진 것 같다. 검색어를 넣으면 끝도 없이 많은 정보가 제공된다. 당연히 우리는 그것들을 다 확인해 볼 수 없다. 그러니 상단에 노출된 몇 개의 결과만으로 그 정보들을 정확하게 읽어 보지도 않고 판단하고 결론을 내린다. 그리고 그것에 대해 '알고 있다'고 믿는다. 아는 것이니 더 알아볼 필요는 없다. 세상에는 알아야 할 것들이 너무 많으니 이미 알고 있는 것까지 재확인하기에는 시간도 에너지도 부족하니까.

1부에서는 세상을 제대로 보는 것을 돕는 책들을 준비했다. 모르는 데도 안다고 착각하는 것은 일종의 습관이다. 이런 습관에 사로잡혀 있으면 올바른 판단을 할 수가 없다. 학문은 끊임없이 발전하고 있으며 인류는 계속해서 새로운 지식을 쌓아 올리고 있다. 그런데도 언제까지 오류로 가득한 과거의 통념과 상식에만 기대어 살 것인가.

『좋아 보이는 것들의 배신』은 우리가 표준, 상식이라고 생각하는 디자인 속에 도사리고 있는 허점과 편견들을 짚어 준다. 화장실 이야기를 많이 할 건데, 하찮은 이야기라고 외면하지 않았으면 좋겠다. 사실 삶의 질을 결정하는 데 화장실은 꽤나 중요하지 않나.

『공정하다는 착각』은 능력주의의 문제점을 깨닫도록 도와준다. 능력주의가 뭐가 문제라고, 자기 능력만큼 대접받는 사회가 공정한 사회 아닌가 하는 반문을 잠시 접어 두고 저자의 이야기에 귀를 기울여 보자. 대학 입시를 제비뽑기로 하자는 획기적인 주장이 등장하니 귀를 쫑긋해도 좋다.

『상식 밖의 경제학』은 인간이 합리적인 존재라는 경제학의 대전제에 도전장을 내민다. 인간은 전혀 합리적이지 않건만 지금까지의 경제학이 인간이 합리적이라는 엉뚱한 전제에서 이론을 쌓아 올렸기 때문에 현실을 설명하지 못하는 것이라는데, 정말 그럴까? 일단 나부터 별로 합리적인 존재가 아니니 관심이 생기기는 한다. 다이어트를 결심했는데, 이 책을 쓰느라 쌓인 스트레스를 '1일 1아이스크림'으로 해결하는 중이니까. 맛있으면 0칼로리라지 않은가?

『평균의 종말』에서는 평균의 허상을 파헤친다. 지난 중간고사에서 우리 반 평균 점수가 제일 낮다는 사실에 절망했던 나는 마음 한구석이 뜨끔해진다. 하지만 나만 그런 게 아니라 다들 평균에 집착하고 매달리지 않는가? 그런데 이 책을 보면 이러한 현상이 일종의 우상숭배라는 것을 알게 된다.

『공감의 배신』에서는 공감의 문제를 다룬다. 맨날 "입장 바꿔 생각해 봐!", "그 친구 입장이라면 그게 재미있겠니?" 하며 공감의 중요성을 부르짖었는데, 공감이 전부는 아니라니 이를 어쩌나.

『중세를 오해하는 현대인에게』는 중세에 대해 아무것도 모르면서 중세를 암흑기라고 부르는 우리에게 경종을 울린다. 모르면서 아는 척, 그거 문제라고 하지 않았나? 우리가 모르던 중세의 면면에 대해 알려주는 것과 함께, 현대사회라고 해서 중세에 비해 별로 나을 것도 없다는 사실을 조목조목 지적해 준다. 아, 나는 중세에 대해서 정말로 아는 게 하나도 없었구나. 괜찮다. 모르는 게 문제가 아니라 안다고 착각하는 것이 문제니까. 일단 안다는 착각에서는 벗어났으니 우리는 지금 성숙해지는 중일 테다.

『가짜뉴스의 고고학』은 인류사에 등장한 수많은 가짜뉴스와 그에 얽힌 기막힌 사연을 들려준다. 한 어린이가 있었다. 편의상 동동이라고 부르자. 동동이의 엄마는 동동이에게 항상 주의를 주었다. "밤새 선풍기를 켜 놓은 채로 자면 안 된다. 선풍기를 켜 놓고 자다가 죽은 사람도 있다더라." 동동이가 특별히 엄마 말씀을 잘 듣는 아이는 아니었지만, 죽는 것은 무서운 일이므로 이 말만은 명심하며 살았고, 선풍기 타이머를 두 시간 이상 설정하지 않는 어른으로 자라났다. 아주 많은 세월이 흐르고 나서야 이것이 과학적 근거가 전혀 없는 가짜뉴스라는 것을 알았을 때 동동이의 심정은 어땠을까? 더위를 참고 견디며 잠을 청했던 그 숱한 밤들을 생각하니 눈물이 앞을 가린다….

누구를 위한 디자인인가

KEYWORD #젠더 #디자인 #평등

• BOOK 1 •

『좋아 보이는 것들의 배신』

캐스린 H. 앤서니 지음

남자도, 여자도, 어린아이도 모두 불편한 화장실

요즘 들으면 믿기지 않는 이야기일 테지만, 20세기에 대학생이었던 내가 주로 강의를 듣던 건물에는 여자 화장실이 한 층 걸러 하나씩 있었다. 모든 화장실이 격층으로 설치되어 있는 것은 아니었다. 남자 화장실은 층마다 건물의 양 끝에 있었다. 공과대학에는 한 건물에 여자 화장실이 하나라는 괴담도 떠돌았다. 확인해 보니 헛소문이 아니라 사실이었다. 학교를 다니는 내내 엄청나게 불편했다.

건물이 지어질 당시만 해도 여자들이 거의 없었기 때문이라는 설명을 듣고 나면 더 황당해진다. 그 당시에도 무시할 수 없을 정도의 많은 여학생들이 그 건물에서 공부하고 있었고, 여학생의 수가 남학생의 수보다 많은 학과가 여럿 존재하고 있었기 때문이다. 건물이 지어질 당시에 압도적 남초였다고 하더라도 여학생이 늘어난 현실에 맞추어 개선해 나가야 하건만 전혀 그렇지 않았다는 것도 문제고, 고작 20년 앞도 내다보지 못하고 건물을 설계하는 것도 문제라고 볼 수 있다. 게다가 대학에는 학생들만 있는 것이 아니다. 사무직원, 청소 노동자, 식당 노동자, 교수, 강사 등 일하는 여자들은 그때도 많았다.

21세기에는 좀 달라졌을까? 나는 여전히 화장실 때문에 불편하다. 영화를 보고 나오면 화장실에 가는 것이 큰일이다. 여자 화장실 앞에는 예외 없이 길고 긴 줄이 있고 그 줄은 좀처럼 줄어들지 않는다. 다리를 꼬며 한산한 남자 화장실을 보고 있노라면 안면을 몰수하고 남자 화장실로 뛰어들고 싶은 충동을 억제하기 힘들다. 공공장소에서 여자들은 화장실 때문에 많은 불편을 겪는다.

불편한 화장실은 여자들만의 문제라고 생각했는데, 남자들도 불편을 겪고 있었다. 한 남자가 화장실 벽에 기댄 채 쪼그리고 앉아서 어린아이를 허벅지 위에 앉혀 놓고 기저귀를 갈아 주는 사진이 인스타그램을 뜨겁게 달군 적이 있다. 세 자녀를 키우는 영국인 돈테 팔머는 "남자 화장실에 기저귀 교환대가 없는 현실은 아이를 돌보는 일이 전적으로 엄마의 의무라는 관념을 강화시킨다"면서 "이 문제를 바로잡자! 기저귀 가는 일은 아빠에게도 일상적인 일이다!"라는 주장을 담아 '변화를 위한 스쿼트' 캠페인을 제안한다. 쪼그려 앉은 아빠의 자세가 스쿼트 자세를 연상시키는 데서 착안한 이름이다. 많은 이들이 이 제안에 공감하여 비슷한 사진을 인스타그램에 올리기 시작했다.

『좋아 보이는 것들의 배신』은 일상의 디자인에서 여성과 아동, 소수자를 외면하고 차별하는 지점을 찾아내어 우리에게 이 문제에 주의를 기울여야 한다고 이야기하는 책이다. 화장실 문제도 이 책의 한 챕터로 등장하는데, 평등을 가장해 설계된 화장실이 사실은 얼마나 여성을 차별하고 있는지 고발한다.

남자들이라고 해서 공중화장실이 마냥 편안한 것만은 아니다. 육아 문제를 제해도, 남자 화장실의 소변기는 사생활을 보장해 주지 않고, 학교 화장실은 다양한 괴롭힘의 온상이 되기 쉬우며, 이때 겪은 상처로 인해 오랜 세월 고통을 겪는 사람도 있다.

화장실을 성별에 따라 분리하는 것 자체가 문제가 되기도 한다. 알츠하이머병을 앓고 있는 어머니와 외출한 아들은 화장실 밖에서 내내 불안해하며 어머니가 무사히 화장실에서 나오기를 기다려야 한다. 어린 아들을 데리고 외출한 엄마도 밖에서 남자 화장실 안을 기웃거리며 아들이 나오기를 기다려야 한다. 혼자서 화장실을 이용하기 어려운 사람들도 분명 있으니 이들을 위한 '가족 화장실' 같은 것이 필요하다.

또, 성인을 중심으로 설계된 화장실은 아이들에게 큰 불편을 안겨 준다. 대부분의 화장실에는 아이 키에 맞는 세면대가 없다. 누군가 들어 올려 주지 않으면 아이들은 제대로 손을 씻을 수 없다. 핸드 드라이어를 사용하는 것도 불가능하다. 발판을 놓으면 되는 것 아니냐고 할 수 있지만, 그 발판이 미끄러졌을 때 큰 사고로 이어질 수 있고, 그에 따른 법적 책임이 문제될 수 있기 때문에 건물주들은 발판 설치를 기피한다.

어떤 문제는 디자인으로 해결할 수 있다

『좋아 보이는 것들의 배신』은 사소해 보이지만 실제로는 커다란 문제, 우리가 놓치고 있던 문제들을 계속 지적한다. 높은 침대는 거동이 불편한 사람에게 위험 요소이며, 모든 아이들의 로망인 2층 침대 역시 큰 사고로 이어질 수 있다. 큼직한 가방의 유행이 여성들의 척추를 망가뜨리고 있으며 끈 팬티는 여성의 성기에 매우 해롭다. 앞으로 엎어지기 쉬운 텔레비전은 아이들의 생명도 앗아 갈 수 있다. 스마트폰을 뒷주머니에 넣고 다니는 버릇은 앉을 때 짝짝이로 앉게 만들기 때문에 척추에 해롭고, 앞주머니에 넣고 다니는 버릇은 스마트폰의 전자파가 남성의 성기에 너무 가깝게 작용하기 때문에 해롭다. 이런 얘기들이 계속해서 이어진다.

『좋아 보이는 것들의 배신』은 일상의 디자인에서 비롯되는 불편과 고통에 주목하고, 그것을 다시 디자인 차원에서 해결한 사례들도 함께 보여 준다. 화장실 세면대에 손이 닿지 않는 어린이들의 문제는 간단하게 해결할 수 있었다. 바닥에 단단히 고정되어 있으면서 극장 의자처럼 접었다 폈다 할 수 있는 발판이 개발된 덕분이었다.

젠더★ 중립 화장실 또는 남녀 공용 화장실도 제안되고 있다. 화장실 한 칸에 양변기와 세면대, 거울을 갖춘 독자적인 구조로 설계하면 여러 가지 문제가 해결될 수 있다. 남녀 모두 충분히 사생

★ **젠더** 생물학적인 성에 대비되는 사회적인 성을 이르는 말. 1995년 9월 5일 북경에서 열린 제4차 세계여성대회 정부기구회의에서 섹스sex 대신 사용하기로 결정했다.

활을 보장받을 수 있고, 도움이 필요한 사람을 위해 함께 화장실에 들어가는 것도 가능하다. 남자 혹은 여자의 수가 월등히 많은 상황에 어느 한쪽의 화장실이 부족해지는 문제도 발생하지 않는다. 그리고 여자 화장실에서 여자를 상대로 벌어지는 범죄(불법 촬영부터 살인 사건까지, 분리된 여자 화장실에서는 다양한 범죄가 일어난다)도 예방할 수 있다.

여기서 끝이 아니다. 저자는 다시 묻는다. "그런데 왜 이런 가족용 화장실들이 상류층과 중산층 여행객이 많은 공항에는 우후죽순 생기면서 열차 역과 버스 터미널처럼 서민층이 많이 사용하는 대중교통 시설에는 보이지 않는 걸까?" 어떤 디자인의 해로움이 특정 집단에게만 더 강력하게 영향을 미치거나 새로운 디자인의 이점이 특정 집단만 누릴 수 있는 혜택이 되는 문제에 대해서도 경계의 시선을 늦추지 않고 있다.

물론 항상 특정 젠더만 디자인 편향에 따른 불이익을 당하는 건 아니다. 하지만 젠더 편향 디자인의 피해는 유독 여성에게 집중되는 경향이 크다. 항상 특정 연령대의 사람들만 디자인 편향의 불이익을 당하는 것도 아니다. 하지만 디자인이 특정 연령대를 소외하는 경우는 주로 어린이와 노인에게 해당된다. 항상 특정 체형의 사람들만 디자인에 따른 불이익을 받는 것 역시 아니다. 하지만 디자인이 특정 체형을 배제할 때,

소위 '평균적이지 않은 사람들'—평균보다 키가 작거나 특대 체형, 가시적/비가시적 신체장애가 있는 사람들—이 단골 피해자가 된다.

디자인은 어떤 것을 더 보기 좋게, 사용하기 좋게 만드는 것으로 끝나는 문제가 아니다. 디자인은 우리가 세상을 바라보는 방식을 보여 준다. 우리가 사는 세계가 성인 남성 중심으로 돌아가고 있기 때문에 디자이너들은 버스나 전철의 손잡이를 높은 곳에 매다는 것이다. 키가 작은 여성이나 노인, 어린이의 손이 결코 닿지 않는 높이다.

그렇다면 싱크대 높이는 누구에게 맞추어야 할까? 한국가구시험연구원에서 인증한 가정용 싱크대의 표준 높이는 85센티미터라고 한다. 이 높이는 160센티미터 정도의 신장을 가진 사람에게 맞춤한 것이다. 나는 이것이 여성 사용자를 존중하는 방식이라고 생각해 왔다. 그런데 건축가 김진애는 『집 놀이』에서 싱크대를 남자 키에 맞추라고 주장한다. 여성의 키 높이에 맞추었다는 점에서 여성 친화적인 것 같지만, '주방 일은 여성의 일'이라는 관념을 디자인에 반영한 것뿐이다. 기저귀 교환대 없는 남자 화장실이 육아가 여성의 일이라는 관념을 강화하는 것과 같은 맥락이다.

『좋아 보이는 것들의 배신』을 읽고 나니 보이지 않던 것들이 보이기 시작한다. 예를 들면 사무실의 의자는 내게 왜 그렇게 높을까? 나는 의자 등받이 위에 달린 목 받침대에 목을 댈 수가 없다. 겨우 뒤통수가 닿을 뿐이다. 사무실에서 일하는 사람은 '남자'라는 가정하에 평균적인 성인 남성의 신장에 맞춰 의자가 제작되기 때문이라고 한다. 당신에게는 무엇이 보이는가?

더 깊이, 더 넓게 읽기

- 사와다 도모히로, 『**마이너리티 디자인**』, 다다서재
- 김진애, 『**집 놀이**』, 반비
- 진 리드카 외, 『**디자인은 어떻게 사회를 바꾸는가**』, 유엑스리뷰

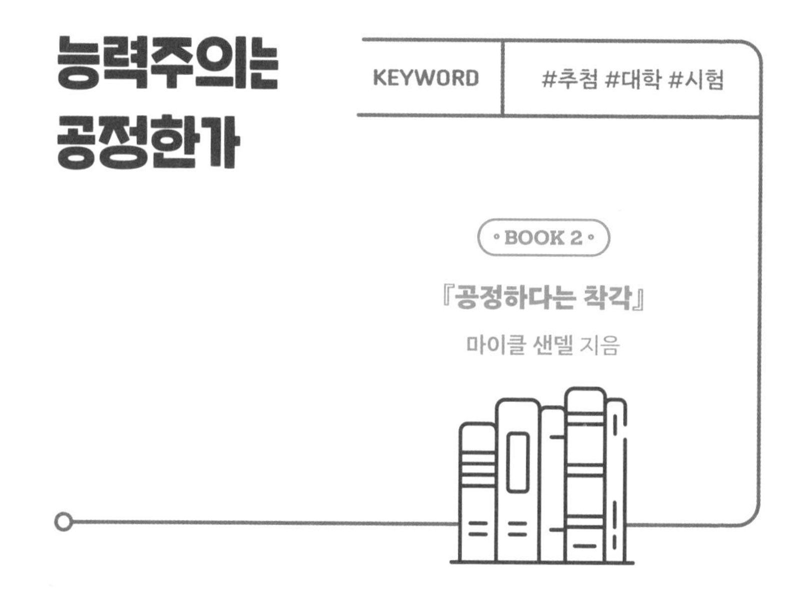

능력에 따라 대접받는 것이 뭐가 문제인데?

『정의란 무엇인가』로 전 세계의 주목을 받았던 마이클 샌델이 '능력주의'에 대한 비판적 성찰을 담은 책 『공정하다는 착각』으로 돌아왔다. 이 책의 원제는 '능력의 폭정The Tyranny of Merit'이다. 이 제목 앞에서 독자는 잠시 멈칫할 수밖에 없다. 왜? 능력에 따라 대접을 받는 것이 뭐가 문제인데? 태어날 때부터 정해진 신분에 따라 자기 몫의 삶이 결정되는 사회에 비하면 훨씬 더 좋은 사회 아닌가? 이런 의문들이 우리를 사로잡는다.

우리는 좋은 대학에 들어가는 것이 성공을 위한 중요한 전제조건이 되는 사회에 살고 있다. 물론 좋은 대학이 곧바로 성공을 보장하는 것은 아니지만, 사회적으로 평가가 떨어지는 대학을 나오거나 아예 대학에 가지 못하는 것보다는 확실히 더 많은 기회를 누릴 수 있다.

좋은 대학에 들어가기 위해서는 고등학교에서 좋은 성적을 받아야 한다는 것 정도는 누구나 알고 있다. 고등학교는 내신 성적을 공정하게 관리하기 위한 제도와 규칙들을 만들고, 대학은 입시 전형을 공정하게 치르기 위해 여러 가지 노력을 기울인다. 더 높은 학업 능력을 가진 사람이 더 좋은 대학에 입학한다. 성적이나 입시 관련 부정이 없는 것은 아니지만, 그래도 이 과정은 공정하게 이루어진다. 입시에 성공한 사람은 더 많은 노력을 기울이고 더 높은 능력을 가진 사람이다. 그렇다면, 반대로 입시에 실패한 사람은 능력이나 노력이 부족한 것일까?

샌델에 따르면 능력주의는 재능의 우연성을 외면하고 노력의 중요성을 과장하기 때문에 문제가 있다. 인간의 능력은 정말 다양하다. 지금 우리 사회에서 높은 지위나 소득을 누리고 있다면 그것은 우연히 내가 가진 능력이 우리 사회가 요구하는 재능과 맞아떨어지기 때문이다. 달리기 능력이 아니라 수학 문제를 푸는 능력으로 대학 입학을 결정하는 사회에서 우연히 내가 가진 재능이 수학 쪽에 있었을 뿐이다. 팔씨름을 잘하는 것도 재능이고, 축구를 잘하는 것도 재능인데, 사람들은 축구를 잘하는 사람에게 관심을 가지고 돈을 쓰기 때문에 축구를 잘하는 사람이 빛을 볼 수 있을 뿐이다. 다른 시대, 다른 사회에 태어났다면 내가 가진 능력들은 전혀 다른 평가를 받을 것이다.

노력도 마찬가지다. 노력 없이 성공할 수는 없지만 노력만으로 성공하는 것도 아니다. 가장 열심히 훈련하는 선수가 금메달을 따는 것도 아니고, 가장 열심히 연구하는 과학자가 노벨상을 받는 것도 아니다. 죽도록 연습해도 나는 박태환처럼 수영할 수 없으며, 죽도록 훈련해도 나는 우사인 볼트처럼 달릴 수 없다.

대학이 제비뽑기로 학생을 뽑는다면?

뛰어난 능력에 대해 사회가 더 많은 보상을 하는 것이라는 믿음을 전제로 하는 능력주의에 따르면, 실패한 사람은 능력이 없고 노력이 부족해서 실패했다. 저임금에 힘겨운 노동을 감수하거나 아예 일자리를 찾지 못해 어려움을 겪어도 그건 자기가 못난 탓이지 사회 탓이 아니다. 성공한 사람들은 자신의 성공이 자신의 능력과 노력 덕분이라는 '도덕적 명분'까지 획득한다. 불평등은 개인의 능력 차이에서 비롯된 것이기 때문에 어쩔 수 없는 것으로 본다.

그렇다면 게임에서 승리한 사람들에게는 능력주의가 좋은 것일까? 능력주의는 승자에게도 피해를 남긴다. '완벽주의라는 숨은 전염병'은 승자들에게도 계속 더 많이 '노오력'할 것을 요구한다. 잘하는 것 정도로는 어림도 없다. 더 잘해야 하고, 탁월해야 하고, 누구보다 출중해야 한다. "고등학교와 대학교 시절을 불타는 고리를 뛰어넘는 일로만 채워 온 사람들이 결국에는 평생 신병 훈련소와 같은 틀 안에서 살아가게 되"는 것이다.

사회적으로 정당성을 의심받지 않고 계속 그 힘을 확장해 온 능력주의의 결과는 불평등의 심화로 나타난다. 샌델에 따르면 1979년 대졸자는 고졸자에 비해 40퍼센트 정도 높은 임금을 받았다. 그런데 2000년대에 이르러 이 격차가 훨씬 커졌다. 이제 대졸자는 고졸자에 비해 80퍼센트 정도 높은 임금을 받는다. 1970년대에 일반 노동자의 30배 수준이었던 CEO의 임금은 2014년 300배로 훌쩍 뛰었다.

이른바 명문대에 진학한 학생들은 대부분 부유한 집안 출신이다. 학력이 낮고 가난한 부모를 둔 학생들이 좋은 대학에 진학하는 비율은 과거에 비해 훨씬 낮아졌다. 이것은 대학이 사회이동의 도구로 작동하기보다는 특권 세습의 도구로 작동하고 있음을 보여준다.

1960년대에 예일대학교의 입학 사정관이 이런 말을 남겼다고 한다. "때때로 수천 명의 지원자들을 모두 합격시키고 싶다는 충동이 든다. 나는 그들의 지원서를 계단 아래로 집어 던져 버리고 아무나 골라 1,000명을 뽑을 수도 있다. 그래도 여전히 훌륭한 학생들을 보유할 수 있을 것이다." 샌델은 이런 생각을 진지하게 검토해 보자는 제안을 한다. 지원자들 가운데 정말 그 대학에서 학업을 수행하기 어려울 것 같은 사람들만을 솎아 낸 뒤 제비뽑기로 최종 합격자를 뽑는다면 어떨까?

우선 그와 같은 제비뽑기를 통해 얻을 수 있는 가장 큰 이점은 바로 "능력의 폭정"을 예방할 수 있다는 것이다. 개인의 능력은 학업을 위한 최소한의 요건을 충족하는지 확인하는 데만 고려하고, 이후에는 인위적인 판단 없이 모든 것을 무작위로 결정한다. 그렇게 하면 빡빡한 학원 수업도, 과도한 스트레스도, 대학 입시나 대기업 취업 등에 연관된 각종 비리도 줄어들 수밖에 없을 것이다. 적어도 강박적으로 각종 스펙을 쌓기 위해 몸과 마음을 축내는 일은 사라지지 않을까? 결국 합격과 성공은 자신의 힘만으로 이룬 것이 아니라 운이 따른 결과이고, 승자든 패자든 능력이나 배경에 엄청난 차이는 없다는 사실이 분명해질 테니까.

제비뽑기는 생각보다 괜찮은 방법이다

이런 중요한 일에 무슨 제비뽑기냐며 '버럭'할 사람도 있을 듯하다. 이런 이들에게 제비뽑기로 더 중요한 문제도 해결했다는 역사적 사실을 알려 주고 싶다. 민주주의의 고향으로 잘 알려져 있는 고대 아테네에서는 공직자를 추첨★으로 뽑았다. 그렇게 추첨으로 뽑으면 공직을 원하지 않는 사람도 억지로 그 일을 맡아야 하니 불합리하지 않느냐고? 그럴 리가. '모든' 시민을 대상으로 추첨을 실시한 것은 아니었다. 공직을 맡고자 하는 사람들은 자기 이름을 적어 추첨함에 넣으면, 그 희망자들 중에서 그해에 공직을 맡을 사람을 뽑았다.

★ **고대 아테네의 공직자 추첨** 가난한 사람이라도 공직에 대한 기회를 공평하게 누릴 수 있도록 공직을 담당하는 사람에게는 일정한 급여를 지불하였다. 배심원도 추첨으로 뽑았으며 급여를 지불했다. 단, 군대를 지휘하는 장군직은 추첨으로 뽑지 않았다.

능력이 없는 이들이 공직을 맡게 되어 나라 살림이 엉망진창이 되어 버릴 우려는 없었을까? 아테네에는 공직을 맡은 이가 임기를 마치면 아주 엄정한 감사를 거치게 하는 제도가 잘 정립되어 있었다. 만약 그가 공직을 수행하는 과정에서 잘못을 범했다면 막대한 벌금을 물어야 했으므로 추첨함에 자기 이름을 적어 넣을 때는 신중해질 수밖에 없었다. 게다가 당시 아테네 사람들은 공동체의 일에 참여하는 것이 시민의 의무이자 명예라고 생각했다. 직접민주주의는 시민이라면 누구나 공직 업무를 수행할 기본 능력을 갖추고 있다는 전제에서 설계됐다.

고대 아테네에서 선거로 공직자를 선출하지 않은 이유는 단순하다. 연설을 잘하거나 외모가 뛰어나거나 공을 세웠거나 영향력 있는 가문 출신인 사람이 표를 모으는 데 더 유리한 것은 의문의 여지가 없는 사실이다. 선거는 아무리 공정하게 치러져도 출발선이 다르다는 점을 생각한 것이다. 제비뽑기같이 엉성해 보이는 방식으로 사람을 뽑아 공직을 맡겼어도 아테네의 국정은 몇백 년 동안 잘만 굴러갔다.

21세기 한국으로 돌아와 보자. 대학 입시는 철저히 개인의 능력을 반영하여 이루어진다고 우리는 굳게 믿고 있지만, 실은 그 수험생의 능력을 형성하는 데 부모의 소득이 얼마나 큰 영향력을 발휘하는지를 확인할 때마다 깜짝 놀라게 된다.

《세계일보》의 한 기사에 따르면, 'SKY' 신입생 중 고소득층 자녀 비율은 매년 증가 추세로, 서울대·고려대·연세대 신입생 중 부모의 월 소득 인정 금액이 9분위(949만 원) 이상인 고소득 가정 출신은 2017년 41.4퍼센트에서 2020년 55.1퍼센트까지 늘었다고 한다. 의대와 로스쿨에서 역시 고소득층 자녀 비율이 도드라져 전국 40개 의대 신입생의 52.4퍼센트가 고소득층이었고, 전국 25개 로스쿨은 51.4퍼센트가 고소득층인 것으로 나타났다.

21세기, 우리 사회는 정말 공정한가?

더 깊이, 더 넓게 읽기

- 김정희원, 『**공정 이후의 세계**』, 창비
- 김동춘, 『**시험능력주의**』, 창비
- 오찬호, 『**우리는 차별에 찬성합니다**』, 개마고원

우리는 얼마나 허술한 존재인가

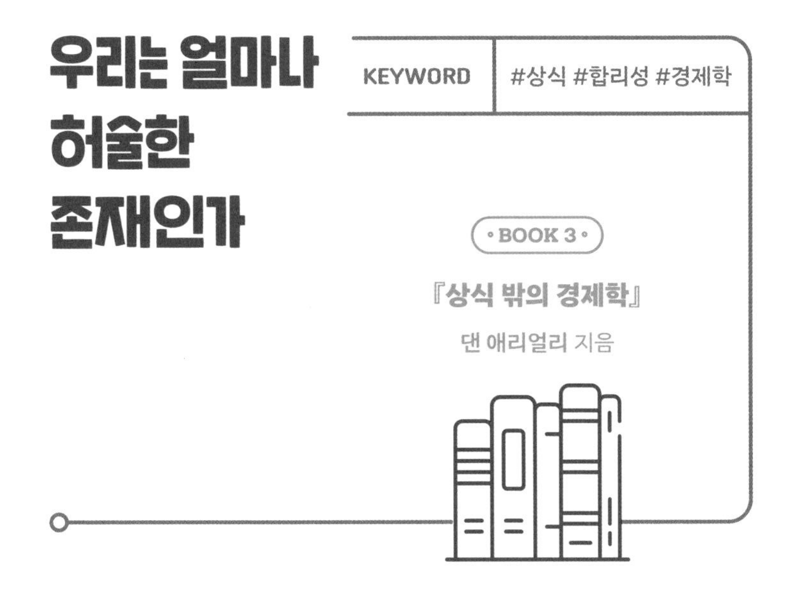

콜라는 괜찮지만, 현금은 좀 그렇잖아?

주류 경제학은 인간이 합리적인 존재라는 가정에서 출발한다. 우리 모두 선택을 할 때 치르게 될 비용과 얻게 될 만족을 엄밀히 비교해서 비용을 최소화하고 만족을 최대화하는 방향으로 의사결정을 한다는 것이다. 그런데 정말 그럴까? 우리는 정말로 합리적인 존재일까?

『상식 밖의 경제학』의 저자 댄 애리얼리의 관심은 우리가 현실에서 종종 마주치는 비이성적인 현상에 집중된다. 그는 행동경제학★을 바탕으로 사람들의 비이성적인 행동과 의사 결정에 대한 연구를 해 왔다. 『상식 밖의 경제학』은 그 연구 성과들을 모은 책이다. 행동경제학은 심리학과 경제학을 결부시킨 새로운 학문인데, 주류 경제학의 '합리적이고 이성적인 인간'이라는 전제는 전면적으로 부정한다.

당신이 거주하고 있는 기숙사에서 무심코 냉장고를 열었는데 주인을 알 수 없는 지폐와 콜라가 들어 있다면 당신은 어떻게 할 것인가? 돈이건, 콜라이건 내 것이 아닌 물건에는 절대 손대지 않겠다는 사람도 있겠지만, 콜라 한 캔 정도는 먹어 치워도 상관없다고 생각하는 사람도 있지 않을까? 이름도 적혀 있지 않을뿐더러 고작 음료수일 뿐이니까. 하지만 지폐에 손을 대는 것은 좀 꺼림직하다고 생각할 가능성이 크다.

애리얼리는 자신이 근무하는 대학 기숙사 냉장고에 콜라와 지

★ **행동경제학** 현대 경제학은 '모든 인간은 합리적으로 행동한다'는 명제 위에 발전해 왔다. 그런데 인간이 합리적으로 행동한다는 전제 자체가 틀렸다면? 행동경제학은 합리성만으로 설명하기 어려운 인간 행동을 심리학, 사회학, 생리학 등을 끌어들여 설명하고 이해하려는 학문이다. 대니얼 카너먼, 리처드 H. 탈러가 행동경제학 분야의 연구 성과를 인정받아 노벨 경제학상을 수상하였다.

폐를 넣어 두는 실험을 했다. 결과는 예상대로였다. 콜라는 72시간 내에 사라졌지만, 같은 시간이 지난 뒤에도 지폐는 그 자리에 그대로 있었다.

뻔한 결과라고 결론 내리고 잊어버릴 수도 있지만 생각을 좀 진전시켜 보면 정말 이상한 현상이라는 것을 금방 눈치챌 수 있다. 전통 경제학의 시각에서 본다면 난센스도 이런 난센스가 없다. 콜라든 현금이든 뭐가 다르단 말인가? 콜라는 곧 돈이다. 그걸 사 먹으려면 돈을 내야 하지 않나. 그런데도 사람들은 남의 콜라를 마시는 데는 별다른 죄책감을 느끼지 않지만, 남의 돈을 선뜻 주머니에 넣지 못한다.

애리얼리는 냉장고에 몰래 콜라와 현금을 넣어 두고 지켜보는 실험을 조금 더 정교하게 진행해 보았다. 모든 실험 참가자들에게 간단한 수학 문제를 풀게 했다. 그리고 첫 번째 그룹은 문제를 풀고 난 답지를 감독관에게 제출하도록 했다. 감독관은 정답의 개수만큼 돈을 지불했다. 두 번째 그룹은 문제를 풀고 스스로 채점한 뒤 감독관에게는 자기 점수만 말하도록 했다. 감독관은 답안지를 확인하지 않고 학생이 말한 대로 돈을 주었다. 세 번째 그룹도 스스로 채점한 뒤 감독관에게 말하는 것까지는 두 번째 그룹과 동일했지만, 받는 것은 돈이 아니라 칩이었다. 참가자들은 10미터 떨어진 곳에서 그 칩을 현금으로 바꿀 수 있었다.

어떤 결과가 나왔을까? 부정행위를 전혀 할 수 없었던 첫 번째 그룹은 평균 3.5개의 문제를 맞혔다. 두 번째 그룹은 평균 6.2개의 문제를 맞혔다. 그렇다. 감독관이 답지를 확인하는 과정을 생략하자 학생들은 순식간에 거의 두 배쯤 똑똑해졌다. 그렇다면 세 번째 그룹은? 그들의 평균은 9.4점이었다! 부정행위가 가능한 구조는 두 번째 그룹과 세 번째 그룹이 똑같은데 현금 대신 칩을 지급하자 학생들이 엄청나게 똑똑해진 것이다.

이 실험이 우리에게 말해 주는 바는 명확하다. 우리는 현금이 개입되어 있지 않을 때 더 쉽게 부정행위의 유혹에 넘어간다. 자기 회사의 약을 처방에 넣어 주는 조건으로 돈봉투를 내민다면 그 자리에서 유혹을 떨쳐 낼 의사들도, 부부 동반 호화 휴가를 보내 주겠다는 제안에는 쉽게 응한다.

첫 번째 결정은 두 번째 결정에 영향을 미친다

우리가 저지르는 비이성적인 행동 유형 가운데 하나는 두 번째 결정을 내릴 때 첫 번째 결정에 강하게 영향을 받는 것이다. 이것을 '앵커anchor 효과'라고 부르는데, 처음 내린 의사 결정이 일종의 닻처럼 작용을 하면서 그 이후의 결정은 첫 결정의 닻에 묶인 채 이루어진다는 것이다. 애리얼리는 스타벅스를 예로 든다. 지금은 눈만 돌리면 커피 전문점이고 사람들도 너도나도 커피 전문점의 커피를 들고 돌아다니지만 원래부터 그랬던 것은 아니다.

우연히 스타벅스에 들렀다. 지금까지 마셨던 커피값과 비교해서 충격적으로 비싼 가격이기는 하지만 이왕 들어온 김에 한 잔 마시기로 한다. 다음 주에 다시 스타벅스 앞에 섰을 때는 좀 망설여진다. 길만 건너면 더 싼값에 커피를 마실 수 있다. 그러나 생각해 보니 좀 귀찮다. 그래서 두 번째 구매를 한다. 세 번째부터는 별생각 없이 스타벅스 매장의 문을 열게 되고, 점점 더 비싼 커피를 망설임 없이 주문할 수 있게 된다.

스타벅스를 비롯한 많은 성공한 기업들은 고객들을 붙들어 둘 첫 번째 구매를 유도하기 위해 많은 노력을 기울인다. 많은 온라인 쇼핑몰들이 첫 구매에 한해서 배송비를 받지 않거나 파격적인 할인 쿠폰을 제공하는 것도 소비자들이 자기 매장에 '닻'을 내리도록 하기 위한 것이다. 일단 닻을 내리면 두 번째는 훨씬 쉽다. 그러니까 "○○을 안 먹어 본 사람은 있어도 한 번만 먹어 본 사람은 없다"와 같은 광고 문구는 ○○이 엄청나게 맛있다는 뜻이 아니다. 첫 번째 의사 결정이 그다음 이어지는 의사 결정에 강력한 작용을 한다는 뜻으로 받아들여야 할 것이다.

『상식 밖의 경제학』을 읽고 있노라면 내내 스스로가 얼마나 허술한 존재인지를 뼈저리게 깨달을 수 있다. 그런 것을 깨닫는다고 뭐가 달라질까?

> 우선은 스스로가 얼마나 심약한 존재인지를 알아야 한다. 최신형 휴대폰을 구입하거나 혹은 매일 4달러짜리 고급 커피를 마실 계획이라고 하자. 그러면 그 습관부터 따져 봐야 한다. (…) 자신이 하는 모든 일에 어떤 행동이 반복되어 나타날 때는 그것을 꼼꼼히 따져 보는 훈련을 해야 한다.

인용문에서 제안하듯 한때 더할 나위 없이 이성적으로 보였던 그 선택이 여전히 괜찮은 결정이었는지 곰곰이 따져 보는 연습이 필요하다.

우리는 모두 허술하기 짝이 없다

『상식 밖의 경제학』은 흥미로운 생활 밀착형 사례들로 가득한데, 이 중 과제 마감일에 대한 실험을 살펴보자. 세 개의 보고서를 제출해야 하는 강의에서 세 가지 방법을 제시했다. 첫 번째 그룹에게는 세 보고서의 마감일을 각자 알아서 정하도록 했다. 보고서는 학기 말에 채점할 것이기 때문에 미리 제출했다고 더 좋은 점수가 나오지 않는다는 점도 분명하게 했다. 두 번째 그룹에게는 각각의 보고서에 대한 마감일을 따로 정해 주지 않고, 학기 말까지 세 개를 제출하도록 했다. 마지막으로 세 번째 그룹에게는 마감일을 4주차, 8주차, 12주차로 엄격하게 정해 주었다.

어떤 그룹의 성적이 가장 좋게 나왔을까? 세 번째 그룹, 첫 번째 그룹, 두 번째 그룹 순서로 성적이 좋게 나왔다. 세 번째 그룹이 가장 좋은 점수를 받고 두 번째 그룹이 가장 나쁜 점수를 받은 것은 예상할 수 있는 결과이다. 두 번째 그룹 학생들은 틀림없이 세 개의 보고서를 학기 말이 되어서야 몰아서 작성했을 것이니까.

이 결과로부터 우리는 어떤 것을 배울 수 있을까? 우리는 모두 일을 미루는 경향이 있지만 그 문제를 자각하고 인정하는 사람은 그것을 극복할 수 있다는 사실이다. 자기 절제는 어렵지만 보고서의 마감일을 두는 것처럼 '강제적인 장치'를 마련하는 것은 어떤 일을 달성하는 데 큰 도움이 된다. 자신의 나약한 의지를 믿다가 어제 했던 실패를 오늘 또 반복하기보다는 스스로를 강제하는 장치를 만들어 보자.

우리는 합리적이지도 이성적이지도 않다. 그렇지 않고서야 어떻게 지난번 중간고사를 말아먹었던 것과 같은 이유로 또다시 기말고사를 망칠 수 있단 말인가. 우리가 진정으로 이성적이라면 어찌하여 일주일 동안 필사의 다이어트를 하고 나서 결국 마지막에 치킨과 콜라를 마음껏 먹을 수 있단 말인가. 허술하기 짝이 없는 스스로를 인정하는 것, 여기서 변화가 시작될 것이다.

더 깊이, 더 넓게 읽기

- 한진수, 『**청소년을 위한 행동경제학 에세이**』, 해냄
- 이완배, 『**삶의 무기가 되는 쓸모 있는 경제학**』, 북트리거
- 리처드 H. 탈러, 『**넛지**』, 리더스북

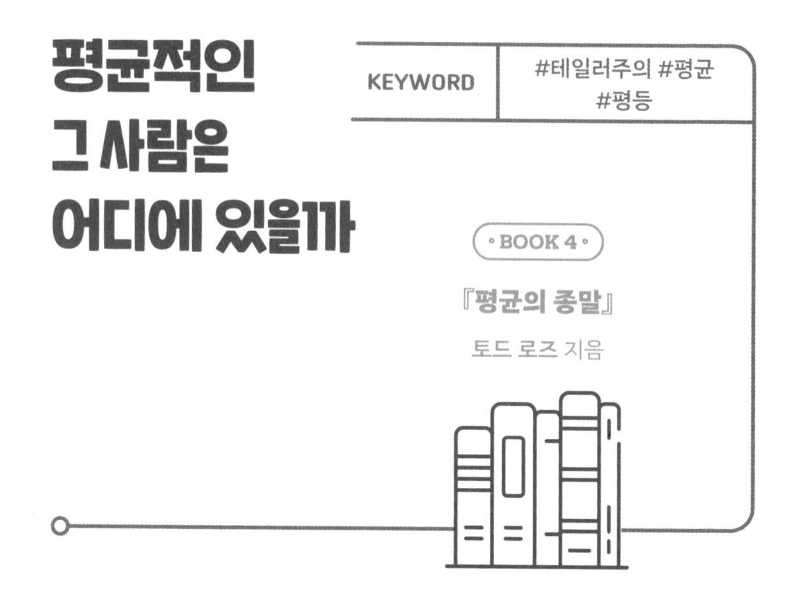

누군가 계산 실수를 한 것일까?

'우리나라 평균 기온'을 검색해 보니 기상청 날씨누리 홈페이지에서 "울릉도 등 도서 지역을 제외한 우리나라의 지역별 연평균 기온은 7(대관령)~15도(부산)이며, 월별로는 가장 더운 8월에 월평균 기온이 19.7~26.7도로 나타나고, 가장 추운 1월에 -6.9~3.6

도로 나타난다."라는 결과가 나온다. 지구가 점점 뜨거워지면서 이 수치에 살짝 변화가 있을 수 있음을 감안한다 해도 이 정도면 상당히 괜찮다는 생각이 든다.

하지만 내가 체감하는 현실은 이것과는 꽤나 다르다. 여름에는 한밤에도 25도 이하로 떨어지지 않는 열대야가 연일 이어진다. 한낮 기온이 30도가 넘는 것도 예삿일이다. 겨울은 겨울대로 격렬하다. 가장 온도가 높아지는 한낮에 산책을 나가도 날숨에 섞여 나오는 습기가 그대로 안경에 얼어붙어서 수시로 안경에서 얼음을 떼어 내지 않으면 앞이 보이지 않는다. 너무 더워서, 너무 추워서 열차 운행에 차질이 생긴다.

누군가 계산 실수를 했을까? 그럴 리가. 평균값이란 원래 그런 것이다. 1년 내내 20도 정도를 기록하는 온화한 지역의 연평균 온도는 당연히 20도이지만, 겨울에 영하 15도, 여름에 영상 35도를 찍는 지역도 연평균 온도를 계산하면 20도가 된다. '부산의 연평균 기온 15도'라는 말을 1년 내내 15도라는 의미로 오해하면 안 된다는 것을 우리는 이미 잘 알고 있다.

두 학급이 있다. 두 학급 모두 평균 성적은 70점이다. 교사는 70점 정도의 성적을 기준으로 삼으면 학생들 모두에게 적절한 난이도의 수업이 될 거라고 생각한다. 과연 그럴까? 그렇지 않다.

40점인 학생 10명, 100점인 학생 10명으로 구성된 학급도 평균을 계산하면 70점이 나온다. 성적이 70점인 학생이 한 명도 없는 학급도 평균 성적은 70점이 될 수 있는 것이다. 이런 학급에서 교사가 70점을 기준으로 수업을 하면 그 수업은 그 누구도 만족시킬 수 없다. 40점인 학생에게는 너무 어렵고 100점인 학생에게는 너무 쉬울 것이다. 정말 이상하지 않나. 이럴 때는 토드 로즈의 『평균의 종말』을 펼쳐 보자.

평균적 조종사는 몇 명이나 될까?

이야기는 1940년대 말 미국 공군에서 시작된다. 제트엔진이 도입되어 전투기의 비행 속도가 빨라지고 조종 방식이 복잡해지면서 다양한 문제들이 줄지어 나타나기 시작했다. 최악의 시기에는 하루에만 열일곱 명의 조종사가 추락하기도 했다. 상황이 이 지경에 이르자 미국 공군은 적극적인 조치에 나섰고, 담당자들은 '조종석 설계'에 관심을 쏟았다. 그 당시 사용하던 조종석이 1926년에 조사한 남성 조종사 수백 명의 신체 치수를 토대로 설계된 것이어서, 20년 정도의 세월이 흐르는 동안 조종사들의 체격이 커져 문제가 발생한 것으로 추측한 것이다.

그렇게 새로운 조사가 진행됐다. 1950년 오하이오주 소재의 공군기지에서 조종사 4,000여 명의 신체 치수를 측정한 뒤 평균값을 내는 작업이었다. 그런데 조사자 길버트 대니얼스는 '평균값에 꼭 들어맞는 조종사가 몇 명이나 될까?'라는 의문이 생겼다. 그래서 조종석 설계상 가장 주요한 열 개 항목에서 평균 치수를 산출해 30퍼센트 편차 내의 사람들을 '평균적 조종사'로 규정한 뒤, 인원수를 파악해 보았다.

4,000여 명의 조종사 가운데 평균적 조종사는 몇 명이었을까? 결과가 나오기 전 연구자들 사이에서는 조종사 대부분이 평균치에 들어갈 것이라는 예측이 지배적이었다. 하지만 결과는 충격적이었다. 조종사 4,063명 가운데 열 개 항목 전부에서 평균에 해당한 조종사는 단 한 명도 없었다.

이로써 평균적 조종사를 전제로 조종석을 설계하는 일은 아무 의미도 없다는 사실이 밝혀졌다. 그 조종석은 결국 아무에게도 맞지 않았기에 엔지니어들에게는 새로운 과제가 주어졌다. 결국 이들은 다양한 몸에 맞출 수 있게 조절 가능한 조종석을 만들어 냈다. 어떤 것인지 상상이 되지 않는다면 승용차를 떠올려 보자. 이 기술은 전투기뿐만 아니라 지금 도로 위를 달리는 모든 승용차의 운전석에도 적용됐다. 다양한 체격의 운전자들이 자기 몸에 맞게 운전석과 핸들 사이의 거리와 각도를 조절하여, 더 편안하고 안전하게 자동차를 운전할 수 있게 됐다.

『평균의 종말』은 공군 전투기 조종석과 관련된 원리를 우리 사회 전체에 적용할 수 있으며, 또 적용해야 한다고 주장한다. 세상에는 '평균적인 사람'이란 존재하지 않는다. 그냥 개별적 존재들이 있을 뿐이다. 그러므로 평균치에 근거해서 내려지는 모든 의사 결정, 정책 등은 재검토될 필요가 있다는 것이다.

이제 우리에게는 '평등한 맞춤'이 필요하다

평균주의는 19세기에 시작됐다. 평균을 토대로 하는 의사 결정은 매우 과학적이고 합리적인 것처럼 보였다. 물론 그 시대에도 평균의 맹점을 지적하는 사람들은 적지 않았다. 어떤 의사는 "환자에게 필요한 것은 같은 병을 가진 100명 중 80명이 치유된다는 이야기가 아니라 자신이 그 80명의 치유된 환자에 속하는지 여부"라고 지적했고, 한 작가는 "우리를 사람이라기보다는 인간 군상으로 취급"한다는 비판을 내놓았다. 하지만 평균주의의 힘은 강력했고, 20세기에 접어들 무렵에는 평균에 기반해 정책을 결정하는 일은 상식이 됐다.

산업에 평균주의가 도입된 것이 '테일러주의'★이다. 미국의 공장들은 프레더릭 테일러의 표준화 원칙을 받아들여 작업 규칙과 표준 작업 절차를 만들고 노동자들이 이를 따르도록 했다. 한때 창의적 장인이었던 사람도 자동인형처럼 매뉴얼에 따라 일하는 존재가 됐다. 또한 표준화된 공장에서 일하기 적합한 사람을 길러 내기 위해 교육에도 평균주의를 도입했다.

> 테일러주의자들은 아이들을 모아 산업체 업무를 "완벽하게" 수행할 수 있는 근로자로 성장하도록 가르치기 위해 전체 교육 시스템의 구조를 과학적 관리의 중심 신조에 따라 재편하는 일에 착수했다. 즉 모든 것을 철두철미하게 평균 중심으로 표준화하기에 나섰다.

『평균의 종말』에 따르면 학생들을 성적·적성·관심사가 아니라 나이에 따라 나눠 놓고 교실을 이리저리 옮겨 다니며 표준화된 시간 동안 수업을 받게 하는 방식, 그리고 공장처럼 수업의 시작과

★ **테일러주의** 노동자의 움직임, 동선, 작업 범위 따위를 표준화하여 생산 효율성을 높이는 과학적 관리 체계를 가리키는 말로, 그 창안자인 공학 기술자 프레더릭 테일러의 이름을 따 테일러주의라고 부른다. 노동을 비인간화하고 인간의 감정을 무시한다는 비판을 받고 있다. 소품종 대량생산 사회에서는 생산성을 높이는 데 기여한 측면이 있을 수 있으나, 다품종 소량생산 사회에는 어울리지 않는 시스템이라는 평가도 있다.

끝에 종을 치는 방식 등은 모두 표준화된 공장 제도에 걸맞은 평균적 인간을 길러 내기 위한 기획이다. 이 방식들이 모두 21세기 대한민국의 학교에서 여전히 작동하고 있다니 놀랍지 않은가?

평균의 시대에 우리는 모든 사람에게 똑같은 기회를 주는 것이 기회의 균등이라고 여겨 왔다. 물론 이러한 방식도 사회의 진보이기는 하지만 우리는 여기서 한 걸음 더 나아갈 수 있다. 토드 로즈는 시대가 바뀌었다고 말한다. 존재하지도 않는 평균적 조종사의 체격에 맞춰 조종석을 설계하는 대신, 누구든 자기 몸에 맞게 사용할 수 있는 조종석을 만들어 사고를 줄이고 효율을 높였던 일에서 교훈을 찾아야 한다는 것이다. 우리에게는 '평등한 맞춤'이 필요하다. 학년·나이에 따른 교육과정이 아니라 개인별 능력과 속도에, 집단이 아니라 개개인에게 초점을 맞춘 교육과정이 있어야 한다.

더 깊이, 더 넓게 읽기

- 사라 채니, 『**나는 정상인가**』, 와이즈베리
- 오찬호, 『**결혼과 육아의 사회학**』, 휴머니스트
- 안드리아 자피라쿠, 『**가르친다는 마법**』, 롤러코스터

공감만으로 충분할까

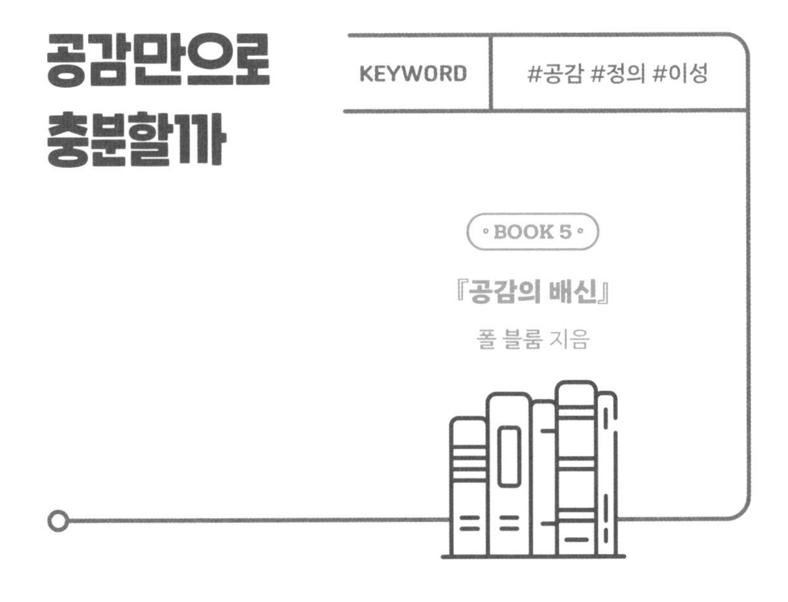

공감 덕분에 많은 것이 가능하다

몇 년 전 어느 일요일의 일이다. 가족들이 모두 외출한 집에서 홀로 소설을 읽고 있었다. 주인공의 사형이 집행되는 순간, 뱃속 깊은 곳에서부터 고통스러운 울음이 솟구쳐 올라 꺼이꺼이 울었다. 우느라 지쳐서 실신할 지경이 된 나는 그대로 거실 바닥에 웅

크리고 누워 버렸다. 손가락 하나도 까딱할 수 없었다.

집에 돌아온 가족들은 사방이 어둑한 시간에 불도 켜지 않고 소파 옆에서 퉁퉁 부은 얼굴로 실신한 듯 늘어져 있는 나를 발견하고 깜짝 놀랐다가, 소설 때문이었음을 알고 그저 황당해했다. 혹시 그 소설을 궁금해할 사람도 있을 것 같아서 밝혀 두자면 공지영이 쓴 『우리들의 행복한 시간』이다. 이 소설을 원작으로 한, 같은 제목의 영화도 있다.

이 정도까지는 아니어도 누구에게나 드라마, 영화를 보다가 통곡하거나 분노하거나 행복해한 경험이 있을 것이다. 분명 나와 무관한 자의 슬픔이고, 고통이고, 행복임에도 불구하고 내 마음은 마치 그것이 나의 일인 양 반응한다. 이런 걸 우리는 공감이라 부른다. 마음을 함께할 수 있는 능력이 있기에 우리는 소설과 영화, 드라마를 즐길 수 있다.

'거울 뉴런'★이라는 뇌세포가 있다고 한다. 1996년에야 발견되었으니 인간이 거울 뉴런을 가지고 있다는 사실을 알게 된 것은 오래된 일이 아니다. 거울 뉴런은 우리가 다른 사람의 행동을 보기

★ **거울 뉴런** 이탈리아의 신경심리학자인 리촐라티 교수와 연구진은 한 원숭이가 다른 원숭이 혹은 주위 사람들의 행동을 보기만 했는데도 마치 자기가 행동한 것처럼 뉴런이 반응한다는 사실을 발견했다. 이렇게 다른 사람의 행동을 보고 자신의 경험인 것처럼 반응하는 뉴런을 거울 뉴런이라 한다.

만 해도 자신이 직접 행동하거나 경험하는 것처럼 느끼게 해 준다. '나는 네가 먹는 것만 봐도 배가 불러'라는 엄마의 말은 수사적 표현이 아니라 사실이었던 것이다. 누군가 손가락을 찧으면 나도 모르게 움찔하며 손가락을 어루만지게 되는 것 역시 거울 뉴런 때문이다.

공감은 많은 일을 한다. 소설 『작은 아씨들』은 크리스마스 아침에 한 가족이 행하는 선행을 보여 준다. 전쟁으로 어려운 형편이지만 나름 정성스럽게 차린 크리스마스 아침 식사를 하려던 찰나, 주인공 가족은 돈이 없어 선물이나 제대로 된 음식도 없이 이 특별한 아침을 맞아야 하는 이웃이 있다는 사실을 깨닫는다. 엄마와 네 딸은 자신들 몫으로 준비한 선물과 식사를 싸서 눈 쌓인 길을 뚫고 이웃에게로 간다. 공감은 우리가 착한 일을 할 수 있게 해 준다. 큰 병에 걸렸으나 치료비가 없는 사람을 돕고, 저 멀리 아프리카에서 고통받는 소녀를 위해 기꺼이 후원금을 보낸다.

공감 덕분에 우리는 사람들과의 관계를 이어 갈 수 있다. 친구와 이야기를 나누며 친구의 억울함을 나의 억울함인 것처럼 여기고, 함께 마음 아파한다. 우리 사회에서 공감을 잘한다거나 공감 능력이 뛰어나다는 말은 명백히 칭찬이다.

그렇지만 공감은 결코 만능이 아니다

그런 와중에 공감의 '배신'이라니! 공감이 무슨 짓을 했다고? 『공감의 배신』을 펼치는 내 마음속에서는 이런 의문이 일었다. 결론부터 말하면, 공감은 우리가 선을 베풀고 친절한 행동을 하는 바탕이 되는 등 여러 가지로 좋은 기능을 하기도 하지만, 때로는 오히려 문제를 유발할 수 있다고 한다. 그러니까 공감에는 분명한 한계가 있다는 것이다. 폴 블룸은 공감을 '스포트라이트'에 비유했다.

> 공감은 지금 여기 있는 특정 인물에게만 초점이 맞춰진 스포트라이트다. 공감은 그 사람들에게 더 마음을 쓰게 하지만, 그런 행동이 야기하는 장기적 결과에는 둔감해지게 하고, 우리가 공감하지 않거나 공감할 수 없는 사람들의 고통은 보지 못하게 한다.

무대를 비추는 스포트라이트를 떠올려 보자. 관객들은 스포트라이트를 따라 시선을 집중한다. 배우는 그 조명을 받으며 춤추고 노래하고 연기하고, 관객들은 갈채를 보낸다. 하지만 스포트라이트 바깥은 어둠이다. 관객들은 그 어둠 속을 보지 못한다. 문제는 공감도 비슷하게 기능한다는 것이다. 우리는 공감할 수 있는 대상에게 많은 관심을 기울이고 선행을 베풀지만, 우리가 공감하지 않거나 공감할 수 없는 사람들의 고통은 보지 못한다.

그렇다면 우리는 어떤 사람에게 더 쉽게 공감할까? 당연히 나와 가까운 사람, 나와 비슷한 사람에게 공감하게 된다. 또한 더 매력적이거나 더 취약해 보이는 사람들, 또는 덜 무서워 보이는 사람들에게 공감하기 쉽다. 마음이 자연스럽게 움직이는 대로 따라가다 보면 나도 모르게 지역 차별이나 인종차별로 흐르는 결정을 내릴 수 있다는 뜻이다.

공감은 별로 공평하게 작동하지 않는다. 게다가 공감은 작용하는 범위도 넓지 않다. 스포트라이트가 무대 전체를 비추지 못하는 것과 마찬가지다. 세상은 넓고 도움이 필요한 사람도 너무 많은데 공감은 때때로 우리의 시야를 좁힌다.

학교에서 다툼이 생겼을 때를 생각해 보자. 우리는 보통 자신과 친한 친구의 편을 든다. 편을 들려고 작정해서 거짓말을 하는 것이 아니다. 친한 친구의 입장에서 생각하고 공감하기 때문에 그 친구의 말이 맞다고 믿는다. 친구 관계를 뛰어넘어 제삼자의 입장에서 사태를 객관적으로 보는 일은 쉽지 않다. 그러니 다툼이 발생하면 친구가 많은 쪽이 단연 유리하다.

공감이 정의롭지 못한 결과를 가져오기도 한다

공감은 정의롭지 않게 작동하기도 한다. 장기이식을 받으려고 대기 중인 사람들이 있다. 그 가운데 한 소녀가 있다. 예쁘고, 재능 있고, 살려는 의지가 강하다. 이 이야기를 사람들에게 들려주고 질문을 던진다. "이 소녀의 장기이식 대기 순위를 앞당기는 데 찬성하십니까?" 많은 사람들이 그의 순서를 앞당겨 주어야 한다고 대답했다. 어린아이를 살리는 일이 나쁠 이유가 있을까? 소녀의 처지에 공감한 사람들은 오직 소녀에게만 스포트라이트를 맞추느라 그 바깥에 있는 사람들을 잊어버린다. 그 소녀의 순서를 앞당기느라 순서가 뒤로 밀려 버린 누군가는 자기 순서가 될 때까지 살아있지 못하고 죽을 수도 있다.

공감이 만능인 것도 아니다. 우리는 흔히 공감을 '타인의 마음을 이해하는 능력'이라 여기고 이런 능력이 아주 좋은 기능을 할 것이라고 생각하지만 실은 그렇지 않다. 사기꾼, '제비'나 '꽃뱀', 고문 기술자 역시 인지적 공감 능력이 뛰어나다. 집단 따돌림 가해자의 경우도 마찬가지다. 그들은 다른 사람의 마음을 이해하는 능력이 뛰어나기 때문에 그 능력을 무기처럼 사용한다. 그들은 타인을 자기 마음대로 움직이는 방법을 보통 사람들보다 잘 알고 있다. 공감이라는 도구에는 도덕적 관념이 없다. 타인의 마음을 잘 이해한다고 해서 반드시 좋은 방향으로 작동하는 것은 아니다.

그래도 공감 능력이 뛰어나면 좋은 부모, 좋은 상담사, 좋은 의료인이 될 수 있지 않을까? 이것도 우리의 생각과는 다르다. 공감 능력이 지나친 부모는 아이의 고통을 곧바로 자기 것처럼 느끼기 때문에 아이가 불편하게 느끼는 일을 강제하지 못한다. 놀고 싶어도 참고 숙제를 해야 할 때나 친구에게 장난감을 양보해야 할 때가 있다는 것을 아이에게 분명하게 가르치지 못한다. 결과가 좋을 리가 없다.

상담사나 의료인도 마찬가지다. 내담자나 환자의 고통을 고스란히 느껴야 한다면 고통 속에 있는 사람들과 함께해야 하는 모든 순간 감정이 너덜너덜해질 것이다. 오히려 적절한 지점에서 공감을 멈출 수 있을 때 더 좋은 부모, 유능한 상담사, 훌륭한 의료인이 될 수 있을 것이다.

그럼 우리는 어떻게 해야 할까? 다행히 인간에게는 이성이 있다. 이성은 스포트라이트로 좁아진 우리의 시야를 넓혀 줄 것이다. 좋은 일을 행하는 기반이 꼭 공감일 필요는 없는 것이다. 무엇이 좋은 일인가를 이성적으로 생각해 볼 필요도 있다.

더 깊이, 더 넓게 읽기

- 제레미 리프킨, 『**공감의 시대**』, 민음사
- 최인철 외, 『**심리학 프리즘**』, 21세기북스
- 주디스 올로프, 『**나는 초민감자입니다**』, 라이팅하우스

중세는 정말 암흑시대였을까

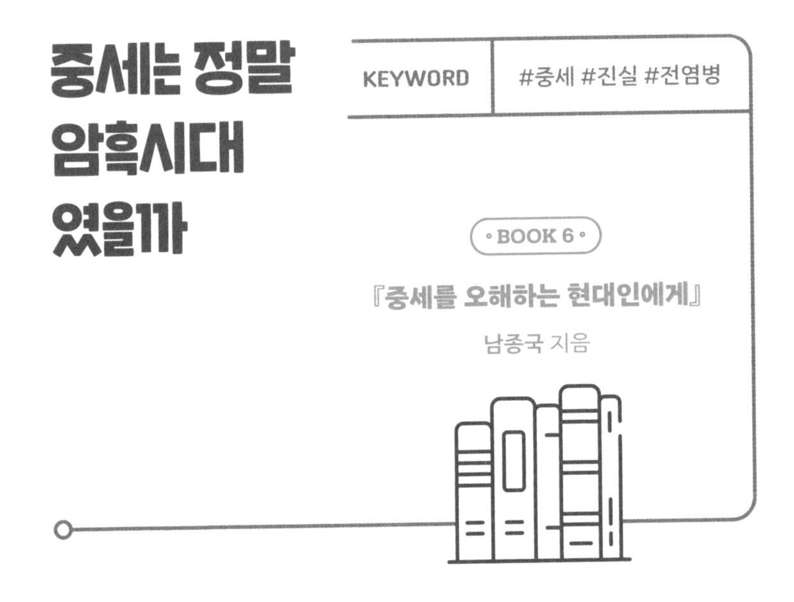

KEYWORD #중세 #진실 #전염병

BOOK 6

『중세를 오해하는 현대인에게』

남종국 지음

누가 중세를
'암흑시대'라고 했던가?

누군가 '중세 유럽'이라는 키워드를 제시하면 어떤 단어가 떠오르는가? 당신의 생각을 온전히 짐작하는 것은 불가능하겠지만, 자연스럽게 떠올린 단어 가운데 하나가 '암흑시대'이리라 예상해 본다. 많은 사람들이 유럽의 중세는 암흑시대라고 생각하고 있다.

높은 확률로 당신도 그 다수에 속할 것이다. 이 책을 읽기 전에는 나도 그랬다. 그러니 책 제목부터 도발적이다. 『중세를 오해하는 현대인에게』라니. 우리가 중세에 대해 무엇을 어떻게 오해하고 있길래?

중세란 정확히 어떤 시기를 말하는 것일까? 『표준국어대사전』에 따르면 중세는 "5세기 게르만 민족의 대이동에서 15세기 중엽 동로마 제국의 멸망에 이르는 시기"를 가리킨다. 1,000년에 달하는 긴 시기를 그저 암흑시대라고 뭉뚱그려 부르기에는 좀 수상하다는 생각이 들지 않는가?

『중세를 오해하는 현대인에게』에 따르면 중세를 암흑시대로 간주한 사람들은 르네상스 시대의 이탈리아 인문주의자들이었다고 한다. 유럽의 유서 깊은 성당 건축물을 떠올려 보자. 쾰른성당, 샤르트르대성당, 슈테판대성당 등은 모두 중세에 건축되었는데, 이 성당들의 공통점은 높은 첨탑이다. 그게 그 시대의 유행이었기 때문이다. 높은 첨탑과 수직적이고 직선적인 느낌을 주는 건축물들이 그 시대에 많이 지어졌는데 이것이 '고딕 양식'이다.

고딕 양식의 고딕이라는 말은 유럽 사람들이 야만족으로 취급한 '고트족'에서 유래한다. 다시 말해 중세의 예술 사조를 '야만족 스타일'이라고 얕잡아 표현한 것이다. 이 말을 처음 사용한 사람은 조르조 바사리라는 르네상스 시대 예술가였다. 이 표현은 많은 사람들의 지지를 얻으면서 중세의 예술 사조를 지칭하는 말로 굳어지게 된다.

중세를 경멸하는 풍조는 계몽주의★ 시대인 18세기에 이르러 더 확대·강화된다. 계몽주의 철학자인 볼테르는 중세를 무지·야만·폭력· 몽매의 시대로 평가하면서 자신이 사는 시대인 '이성의 시대'와 대비시켰다. 그리고 21세기를 살아가는 우리는 16세기 르네상스 시대 사람들이나 18세기 계몽주의 시대 사람들이 생각했던 것처럼 중세를 '암흑시대'라고 굳게 믿고 있는 것이다.

고딕 양식으로 건축된 어마어마한 규모의 성당 건물들을 곰곰 들여다보자. 다행히 우리는 인터넷 검색창에 몇 개의 검색어만 넣으면 수많은 사진을 볼 수 있는 세상에 살고 있으니 어렵지 않은 일이다. 앞서 말한 중세에 지어진 성당들을 보고 있노라면 입이 딱 벌어진다. 어마어마한 규모와 정교한 실내장식, 현란한 스테인드글라스까지. 이런 건축물을 수백 년 전에 만들어 냈다니 놀라울 따름이다. '야만족 스타일'이라 이름을 붙였다는 것이 오히려 이상하게 여겨진다. 실제로 어느 학자는 12세기에 이루어진 지적·문화적

★ **계몽주의** 볼테르는 설명되지 않는 것을 믿는 맹신에서 벗어나 설명될 수 있는 것을 믿어야 한다고 했으며, 칸트는 미성년 상태에서 벗어나 성숙해지는 것이 계몽이고 그 성숙의 결과가 교양이라고 표현했다. 17~18세기 프랑스에서 발달했으며 프랑스혁명에 지대한 영향을 미친 사상이다.

발전을 두고 '12세기 르네상스'라고 평가하기도 한다. 암흑에 둘러 싸여 있는 것은 중세가 아니라 그 시대에 대한 우리의 인식인지도 모르겠다.

중세에 대해 제대로 알지도 못하면서 그 시대를 무조건 폄하하는 것은 올바르지 않은 태도다. 『중세를 오해하는 현대인에게』는 우리가 중세에 대해 가지고 있는 엄청난 오해를 지적하는 것에서 출발하여 중세 사회의 다양한 모습들을 보여 준다. 흥미로운 지점은 중세 유럽의 역사에 관한 이야기가 지금을 살아가는 우리들의 문제와 맞닿아 있다는 것이다. 코로나19 팬데믹을 살아 낸 우리들이니 저자가 들려주는 페스트 이야기로 넘어가 볼까?

가짜뉴스가 전염병보다 더 무섭다

14세기 중세 유럽에는 엄청난 규모로 페스트, 즉 흑사병이 창궐했다. 페스트가 유럽에 본격적으로 확산된 계기로 가장 널리 알려진 것은 1346년 흑해 연안에서 몽골군과 제노바공화국 상인들 간에 벌어진 공성전이다. 이때 몽골군이 내부에서 페스트가 퍼지자 환자의 시체를 성벽 안으로 던져 넣어 제노바 사람들을 감염시

켰고, 감염자들이 배를 타고 콘스탄티노폴리스, 시칠리아로 가면서 전염병이 전 유럽으로 확산됐다는 이야기다.

하지만 현실적으로 페스트에 걸린 제노바인들이 배를 타고 흑해에서 시칠리아까지 항해하는 것은 거의 불가능하다고 한다. 그런데도 몽골인과 제노바인들의 전투를 '최초의 세균전'이라고 부르거나, 유럽에 번진 페스트의 책임이 몽골인들에게 있다는 식으로 평가하는 것은 다분히 '유럽 중심적인 시각'이다. 이런 이야기가 제대로 된 검증을 거치지 않은 채 역사적 사실로 위장되어 우리에게 전달됐다.

600년도 더 지난 이야기인데 어딘가 익숙하게 들린다. 세계보건기구 지침에 따라 코로나19로 정식 명칭을 정하기 전까지 우리는 그 병을 '우한 폐렴'이라고 부르기도 했다. 특정 지역의 명칭을 질병 이름에 넣으면 그 지역에 대한 편견과 혐오를 조장할 수 있다는 우려에서 정식 명칭을 정한 터였다. 그리고 이런 염려는 과한 것이 아니었다. 실제로 독일에서 중국인, 나아가 아시아인들에 대한 적대적인 분위기가 형성되어 한국인들도 외출이 어려워졌다는 소식을 접했던 기억이 생생하다.

당시 독일 주간지 《슈피겔》은 방독면을 쓰고 전신 방역복을 입은 사람이 스마트폰을 들여다보는 사진에 "코로나바이러스 메이드 인 차이나Corona-virus Made in China"라는 문구를 넣은 표지를 트위터에 선보였다. 코로나19가 중국 우한에서 시작됐다는 이유로 '중국산'이라고 비난한 것이다. "인종차별, 홀로코스트는 하늘에서 갑자기 떨어지지 않았다"며 이 표지를 비판하는 시민들도 많았지만, 지금도 상황이 크게 좋아지지는 않았다. 우리는 최근에도 아시아인에 대한 혐오 범죄가 빈번히 일어나고 있다는 소식을 접한다. 몽골인들을 페스트의 원흉으로 지적하고 분노의 화살을 쏘아 보내던 그 시절과 무엇이 달라졌을까?

한편 페스트에 관한 오해는 더 있다. 베네치아의 가면무도회에 등장하는 새 부리 모양의 가면은 그 당시 의사가 페스트 환자를 치료할 때 전염을 막기 위해 쓴 물건이었다고 하는데, 오늘날 밝혀진 바에 따르면 페스트는 호흡기 전염병이 아니기 때문에 아무런 효과가 없었을 것이다. 페스트가 신의 징벌이라고 생각하여 교회에 모여 기도를 하면서 전염이 더 활발해졌다는 역사적 사례도 있다. 그렇다면 이런 일들이 암흑시대 중세인들의 무지함 때문에 일어난 과거의 사건에 그치는 것일까? 오늘날에도 이런 일은 계속 일어난다.

21세기 우리 사회에서도 여전히 하느님 나라 일을 하면 전염병에 걸리지 않기 때문에 코로나19가 두렵지 않다면서 대규모 대중 집회에 참여하는 사람들이 있다. 전염병을 치료한다면서 신도 입에 소금물을 분무

했다는 얘기도 들린다. 각종 음모론도 난무한다. 이런 것을 보면 예나 지금이나 가짜뉴스는 전염병보다 무섭다.

과학은 목소리가 작은데 미신은 목소리가 크다. 진실은 빨리 퍼지지 않는데 가짜뉴스는 빠르게 번져 나간다. 미신과 가짜뉴스를 믿는 것이 더 간편하기 때문일까? 이럴 때일수록 제대로 아는 것의 중요성은 더 커진다.

더 깊이, 더 넓게 읽기

- 이경재, 『**중세는 정말 암흑기였나**』, 살림
- 주경철, 『**중세 유럽인 이야기**』, 휴머니스트
- 최인철 외, 『**헤이트**』, 마로니에북스

나는 왜 선풍기를 밤새 틀어 놓지 못했을까

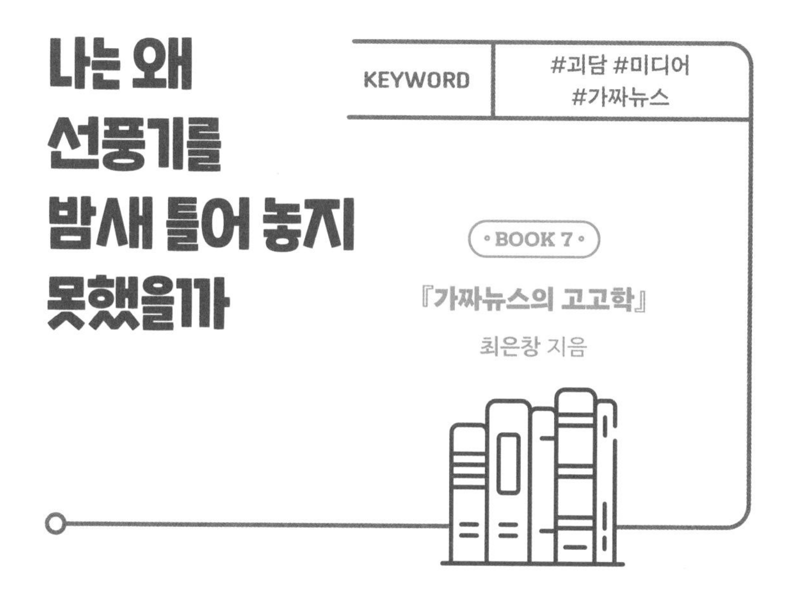

전 국민이 속아 넘어간 그 시절의 괴담

잠을 잘 때 선풍기를 밤새 틀어 놓지 못한 세월이 꽤 길다. 무서웠기 때문이다. 어렸을 때 밀폐된 방 안에서 선풍기를 틀어 놓은 채 자다가 죽었다는 사람의 이야기를 생생하게 들은 적이 있다. 그 이야기가 너무나도 공포스러웠던 나머지 나는 어른이 되어서도 선풍기를 틀어 놓고 자는 것은 위험한 일이라고 굳게 믿었다. 나만 이 아니라 나의 어머니, 형제들도 같은 생각이었다. 우리는 더위와 싸우며 선풍기를 멀리했다. 타이머로 두 시간 이상을 설정할 때면 가슴이 벌렁거렸다.

선풍기에 관한 그 이야기가 일종의 괴담이라는 사실을 알게 되었을 때 얼마나 황당했던지 모른다. '선풍기 괴담'은 1920년대에 만들어졌다고 한다. 설명도 꽤 그럴듯하다. 선풍기를 틀어 놓으면 공기가 소용돌이치며 진공상태를 만들 수 있기 때문에 위험하다는 것이다. 2007년에는 골방에 모여 선풍기를 틀어 놓고 동반 자살을 시도한 사례가 있었다고 하니 참으로 오랫동안 생명력을 유지한 괴담이라 하지 않을 수 없다.

그렇다면 이 괴담은 왜 만들어졌을까? 어이없게도 전기 낭비를 막기 위해 만들어진 이야기라고 한다. 정부에서 유포했다고 하는데 1920년대이니까 일본 사람들이 만들어 낸 이야기가 아닐까 추정해 본다. 사람들의 입에서 입으로 퍼진 이야기가 아니라 공식적으로 보도된 이야기인지라 공신력까지 갖추었으니 일파만파로 퍼져 나가는 것은 당연하다. 『가짜뉴스의 고고학』을 보니 선풍기 괴담은 좀 유명한 모양이다. 《뉴욕 타임스》에도 이 괴담과 관련된 기사가 실렸다고 한다.

선풍기 사망 괴담은 그럴듯하지만 선풍기 바람 때문에 공기 중 산소량 자체가 갑자기 줄거나 산소 농도가 변하지는 않는다. 선풍기 바람에 노출되면 저체온증으로 숨진다는 설명도 있지만, 체온이 떨어져 죽음에 이르려면 체온이 8도는 떨어져야 한다. 여름철에 날씨 자체가 변할 수는 있어도 선풍기만으로 체온이 8도나 떨어지는 건 의학적으로 불가능하다.

이제는 더운 여름밤, 마음 놓고 선풍기를 켜고 잠을 잔다. 숙면을 취할 수 있게 됐다. 가짜뉴스에 속아 온 지난 세월이 억울할 따름이다.

아주 오래된 사회현상, 가짜뉴스

코로나19가 확산되면서 관련된 가짜뉴스도 함께 퍼졌다. 이란 보건 당국은 2020년 메탄올을 마셨다가 사망한 사람이 2~3월에만 525명에 이른다고 발표했다. 메탄올은 사람이 마실 경우 실명하거나 사망에 이를 수 있는데, 메탄올이 코로나19를 예방할 수 있다는 가짜뉴스를 진짜로 믿은 사람들이 이를 마시면서 일어난 일이다. 우리나라에서는 소금물이 코로나19를 예방한다는 가짜뉴스가 퍼지면서 소금물 스프레이를 뿌린 한 종교 시설에서 집단감염이 발생하기도 했다. 도널드 트럼프 전 미국 대통령이나 자이르 보우소나루 전 브라질 대통령은 말라리아 치료제인 '클로로퀸'이 코로나19 치료제라는 가짜뉴스를 소셜미디어를 통해 전파하기도 했다. 바이러스로 인한 팬데믹만 문제가 아니라 잘못된 정보가 전염병처럼 빠르게 확산하는 '인포데믹infodemic'도 심각한 문제다.

『가짜뉴스의 고고학』은 가짜뉴스가 최근에 나타난 현상이 아님을 보여 주는 것으로 시작한다. "로마 시대부터 소셜미디어 시대까지, 허위 정보는 어떻게 여론을 흔들었나"라는 부제에서 알 수 있듯이 가짜뉴스는 정말 오래된 사회현상이다.

중세 유럽을 뒤흔들었던 마녀사냥은 대표적인 가짜뉴스 현상이다. 페스트, 봉건귀족의 수탈 등으로 고통을 겪는 농민들의 관심을 다른 곳으로 돌리는 데 마녀는 아주 적합한 소재였다. 마녀가 위험하다는 공포가 널리 퍼지자 사람들은 종교의 권위에 의존하게 됐다. 영국과 프랑스 사이에 일어난 백년전쟁에서 프랑스의 영웅이었던 18세 소녀 잔 다르크는 영국군에 의해 포로로 잡혔다. 그런데 프랑스가 정치적인 이유로 몸값을 지불하지 않고 잔 다르크를 외면하자 영국군은 "잔 다르크가 전투에서 승리할 수 있던 것은 악마의 힘을 빌렸기 때문"이라며 그를 마녀로 몰아 불에 태워 죽였다.

마녀사냥은 20세기 미국에서 화려하게 부활한다. 1950년 미국의 상원의원이었던 조지프 매카시는 종이 뭉치를 치켜들고는 소리 높여 외쳤다. "여기 제 손에 국무부에서 일하는 친소련 공산당원 205명의 명단이 있습니다!" 그 발언을 기점으로 미국은 공산주의자 색출을 위한 전면전에 들어선다.★ 무고한 사람들이 청문회에 불려 나와 일자리를 잃고 추방당했다. 훗날 매카시가 들고 있던 종이 뭉치는 그냥 종이 뭉치일 뿐이었다는 사실이 밝혀졌다.

이런 사례도 있다. 미국 조지아주 농장에서 면화를 수확하기 위해 스물세 마리의 원숭이를 트리니다드섬에서 데려와 훈련시켰는데, 감독하는 데 더 많은 노동력이 필요해 도로 팔았다는 뉴스가 있었다. 원숭이 한 마리를 관리하기 위해 인부 열 명이 필요했다는 것이다. 그런데 알고 보니 이것도 가짜뉴스였다. 그 기원을 추적해 보니 에이브러햄 링컨 대통령이 "원숭이 한 마리를 돌보기 위해

★ **매카시즘** 1950년~1954년 미국에 휘몰아쳤던 반공주의 정책을 말하는데, 이 정책을 주도했던 공화당 상원의원 매카시의 이름을 따서 매카시즘이라고 부른다. 제2차 세계대전 이후 냉전이 점차 심화되고 있는 가운데 세계적으로 공산주의 세력이 성장하고 있는 상황에서 미국인들이 느꼈던 위기감과 잘 맞아떨어져 매카시즘이 한동안 맹위를 떨쳤으나 1954년 매카시의 실각과 함께 그 시대는 막을 내린다. 이후 반공주의적 성향이 강한 집단에서 자기 집단의 반대자를 공산주의자로 몰아가는 행태를 매카시즘이라고 부르게 되었다.

두 명의 감독관이 필요하듯이 인디언 관리부의 공무원 한 명을 감독하려면 두 명 이상의 정직한 사람이 필요하다"라고 말했던 것에서 시작됐다는 것이다. 링컨 대통령이 인디언 관리부의 끝도 없는 무능과 비효율을 비판하려고 한 말인데, 돌고 돌아서 이렇게 엉뚱한 가짜뉴스로 세상에 퍼져 나갔다.

미디어의 역사는 가짜뉴스의 역사?

『가짜뉴스의 고고학』이 전해 주는 기상천외한 가짜뉴스의 사례들을 접하다 보면, 미디어의 역사는 허위 정보 전파의 역사이기도 하다는 것을 깨닫게 된다. 완전한 사실만이 뉴스로 전달되던 시대는 단 한 번도 없었다. 문제는 가짜뉴스가 크고 작은 피해를 만들어 낸다는 것이다. 특히 어떤 것이 진실이고 거짓인가를 지배 권력이 마음대로 판단할 때는 걷잡을 수 없는 비극이 생겨난다.

교황권은 이단 척결을 내세워 마녀사냥을 가톨릭의 권력을 유지하는 수단으로 사용했다. 나치의 프로파간다는 게르만 민족주의 자긍심을 고취시켰고, 미국의 적색 공포 프로파간다는 반공주의가 곧 애국이라

는 명분으로 대중을 설득할 수 있었다. 그러나 선동가가 거짓으로 정치 권력을 잡았을 때는 많은 희생양들이 뒤따랐다.

문제는 21세기가 되면서 더 심각해졌다. 정보 통신 기술이 발달하면서 누구나 뉴스를 생산하고 유포할 수 있게 됐다. 우리는 트위터, 페이스북, 유튜브 등 다양한 채널을 통해 세상으로 소식을 전파할 수 있고, 전 세계에서 보내오는 소식을 수신한다. 메탄올을 먹거나 소금물을 뿌려 코로나19를 예방할 수 있다는 황당한 이야기도 그럴듯하게 포장되어 전달된다.

궁금해진다. 왜 가짜뉴스는 계속 살아남는 걸까? 많은 경우 가짜뉴스는 정치적·경제적 이해관계와 관련이 있다. 선거 승리, 상대 진영에 대한 불신 조장, 여론 지배, 정치권력 쟁취 등에 이용된다. 세월호 유가족들이 막대한 보상금을 받고도 더 욕심을 부리고 있다는 선동은 가짜뉴스가 정치적으로 이용된 대표적인 사례다. 더 많은 '클릭 수'와 '좋아요'를 유도하여 경제적 이익을 노리는 웹사이트나 유튜브 채널은 기꺼이 가짜뉴스를 생산한다. 관심이 돈이 되는 세상에서는 관심을 얻기 위해 허위 정보를 기꺼이 유포하는 사람들이 생겨나는 것이다.

근심이 깊어진다. 어떻게 해야 가짜뉴스에 속지 않을 수 있을까? 정말 어려운 일이지만, 어떤 뉴스를 접했을 때 그 뉴스의 출처나 정보 제공자를 확인하는 노력만으로도 가짜뉴스로부터 우리 사회를 지키는 첫걸음을 뗄 수 있다.

더 깊이, 더 넓게 읽기

- 박준석, 『**가짜뉴스의 심리학**』, 휴머니스트
- 미야자키 마사카츠, 『**세계사를 뒤바꾼 가짜뉴스**』, 매일경제신문사
- 구본권, 『**뉴스, 믿어도 될까?**』, 풀빛

2부

새롭게 보다

미국 어느 대학의 천문학 연구실에서 시작되는 한 이야기가 있다. 한 대학원생이 새로운 혜성을 발견하는데 아무리 여러 번 다시 계산해 보아도 이 혜성이 지구와 충돌한다는 결과가 나온다. 인류는 많은 재난과 위기를 겪어 왔지만 이번 위기는 차원이 다르다. 혜성이 지구와 충돌하면 인류는 확실히 멸망한다. 대학원생과 교수는 워싱턴 D.C.로 가서 위기 상황을 알리려고 노력한다. 그 과정에서 많은 일이 일어나지만 일단 넘어가기로 하자. 여기서 가장 큰 문제는 지구와 혜성이 충돌한다는 충격적인 소식에도 불구하고 대부분의 사람들이 문제를 심각하게 받아들이지 않는다는 점이다. 영화 〈돈 룩 업〉의 내용이다.

아주 재미있는 영화여서 장면마다 웃음이 저절로 나오지만, 정신없이 웃다가 문득 이런 생각이 들었다. '내가 영화 속의 저 하루살이들을 보면서 웃는 것처럼, 나보다 더 크고 오래 사는 존재가 나를 보면 이렇게 웃길까?'

문득 시야를 넓혀 긴 안목으로 세상을 보기 위해 노력해야겠다고 생각했다. 구태여 '노력'이라는 표현을 쓴 것은, 익숙한 세계와 결별하는 것이 정말 어려운 일이기 때문이다. 그런 맥락에서 2부에는 우물 안 개구리 상태에서 벗어나 자신의 세계를 확장하는 데 도움이 될 책들을 모았다.

『이 폐허를 응시하라』는 재난 상황에 대한 우리의 오해를 바로잡는다. 거대한 규모로 위기가 닥쳤을 때 사람들은 공황에 빠지고, 살아남기 위한 이기적이고 폭력적인 행동이 난무할 것 같지만, 실은 그렇지 않다는 것을 수많은 사례를 통해 보여 준다. 인류애를 잃은 이들에게 한 줄기 희망의 불빛이 되어 줄 이야기다.

『여자를 위한 도시는 없다』는 다른 제목을 붙일 수도 있는 책이다. '장애인을 위한 도시는 없다', '어린이를 위한 도시는 없다, '노인을 위한 도시는 없다'. 소수자를 차별하고 배제하는 사회구조는 도시의 공간에도 그대로 반영되어 있다. 엄마가 왜 밤늦게 돌아다니지 말고 일찍일찍 집에 오라고 하는지 알 것 같다. 하지만 요즘 세상은 대낮도 위험한데? 그럼 우리는 언제 마음 놓고 돌아다닐 수 있는 걸까?

『휴먼카인드』는 교과서에도 수록된 사건, 사례들이 사실과는 크게 다르다는 충격적인 소식을 전한다. '방관자 효과', '깨진 유리창 이론', '전기 충격 실험' 모두 인간이 그다지 괜찮은 존재가 아니라는 결론을 내놓는다. 그런데 막상 뚜껑을 열어 보면 다른 이야기를 한다. 인간은 실제로 그렇게 악한 존재가 아닐지도 모른다는 것이다. 그런데 인간은 왜 스스로를 악한 존재라고 믿고 싶어 하는 걸까? 설마 겸손해서? 그런 이유는 아닐 것이다.

『캔버스를 찢고 나온 여자들』은 우리에게 익숙한 그림들을 꼼꼼히 살피면서 그림 속에 펼쳐진 세계의 이면을 들여다보자고 손을 잡아끈다. 저자가 이끄는 대로 따라가면 한 장의 그림이 얼마나 많은 말을 하고 있는가를 깨닫고 깜짝 놀라게 된다. 나는 맨날 꾸부정한 자세로 책 읽는다고 구박을 많이 받았는데, 그림 속 꼿꼿한 자세에는 잔혹한 사연이 있었다.

『인생의 역사』는 시 앞에서 망설이는 우리를 친절하게 시 읽기의 세계로 안내한다. 시 이야기만 가득할 줄 알았는데 저자의 삶에 관한 이야기도 풍성하다. 시는 겪어 온 삶으로 겪어 내는 것이라나?

『임진전쟁과 민족의 탄생』은 임진전쟁(임진왜란)이라면 웬만큼 알고 있다고 자부하고 있는 이들이라고 해도 '당신이 알고 있는 것은 극히 일부분'이라고 말해 주는 듯하다. 임진전쟁이라면 충무공 이순신과 거북선, 그리고 "나의 죽음을 적에게 알리지 마라!"라는 유언만 알면 되는 것 아니었는가?

『인공지능이 사회를 만나면』은 어디 가도 무얼 해도 마주치는 인공지능에 관해 올바른 관점을 가질 수 있도록 도와준다. 인공지능을 그저 기술로만 바라보지 말고 우리 사회를 구성하는 하나의 요소로 생각한다면, 인공지능이 가야 할 길이 더 잘 보일 테다. '챗GPT로 보고서 잘 쓰는 법' 같은 것은 알려 주지 않지만, 인공지능 시대를 살아가는 이들에게 꼭 필요한 이야기가 담겨 있다.

재난 상황에서는 어떤 일이 벌어질까

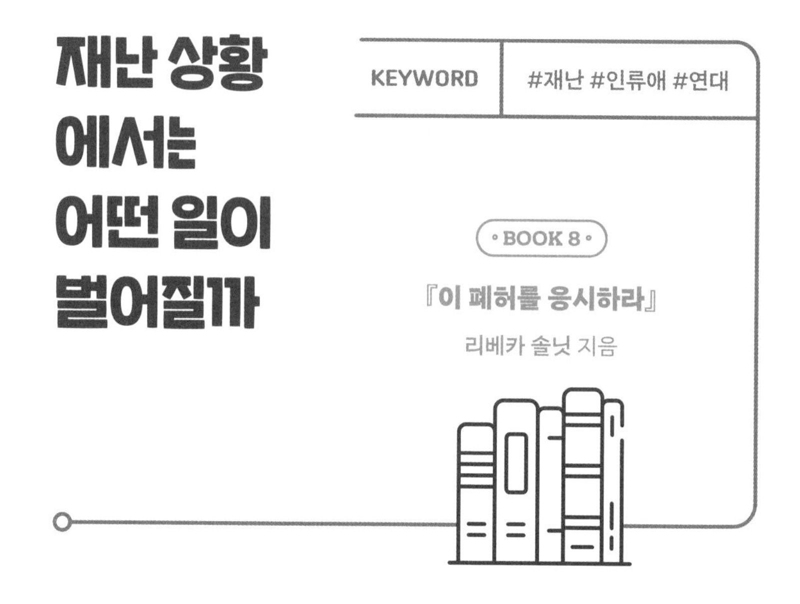

갖가지 재난으로 점철된 인류의 역사

코로나19로 인류는 완전히 새로운 경험을 했다. 국경이 봉쇄되고 외출은 통제되었으며 만남은 규제되는 세상에서 살았다. 긴급 재난 문자를 받으며 하루를 시작하고, 마스크를 구입하기 위해 긴 줄을 서야 했다. 경제는 휘청거리고 많은 사람들이 생계를 걱정해야 하는 상황이 펼쳐졌다. 견뎌야 하는 삶의 무게가 커질수록 스트레스 지수는 높아지고 우울은 깊어만 갔다. 재난의 시대가 닥친 것이었다.

문제는 코로나19 팬데믹이 이례적이라거나 일회적이라고 낙관할 수 없다는 데 있다. 이건 시작에 불과할지도 모른다. 더 강력한 전염병이 더욱 빈번하게 인류를 위협할 수 있다. 어쩌지? 이제 우리는 어떻게 되는 거지? 『이 폐허를 응시하라』는 어둡고 막막한 터널에 갇혀 있는 이들에게 희망의 불빛을 선사한다. 언제 읽어도 좋을 책이지만 재난의 시대를 통과하는 시기에 읽으면 더욱 큰 힘을 준다.

인류의 역사는 '재난의 역사'였다. 규모나 강도에서 차이가 있었을 뿐, 인류 역사에서 재난이 없던 시기는 없었다. 우리만 해도 매년 태풍, 가뭄, 산불, 홍수, 건물 붕괴 등 다양한 재해를 경험해 왔다. 그 범위를 다른 나라까지 확대하면 재난의 종류는 더욱 다양해진다. 지진, 화산 폭발, 대화재, 테러, 공습….

1906년 샌프란시스코에는 유례없는 대지진이 발생했다. 약 3,000명이 죽고 도시 한복판이 완전히 초토화됐다. 지진이 이어진 시간은 길지 않았지만 피해 규모는 엄청났다. 수많은 사람들이 가족과 친구를 잃었으며, 당장 먹고 자는 일이 막막해졌다.

상상해 보자. 이런 상황에 샌프란시스코에서는 어떤 일이 벌어졌을까? 돈 있는 사람들이 먹을 것을 사재기했을까? 굶주린 사람들이 상점을 약탈했을까? 치안이 마비된 도시에서 폭력이 판쳤을까? 모두 재난 영화★나 재난 보도 뉴스에서 쉽게 볼 수 있는 장면이다.

하지만 실제로는 이런 일이 일어났다. 길모퉁이 식료품 가게 주인은 이웃들을 위해 물건을 모두 내놨다. 물량이 다 떨어질 즈음에는 인근 지역의 육류 도매업자들이 마차로 피해 지역을 지나가면서 고기를 던져 주었다. 필요한 물자를 전해 주는 선의의 행렬은 끊이지 않았다. 시민들은 곳곳에 급식소를 만들어 음식을 함께 나누었다. 자발적으로 치안을 유지하기 위해 조직을 운영했고, 이야기를 나누며 서로를 위로했다. 『이 폐허를 응시하라』에는 이처럼 재난이 덮친 폐허의 현장에서 인류의 희망을 발견하는 이야기가 가득 담겨 있다.

★ **재난 영화** 대규모 재난을 소재로 하는 영화의 한 장르를 말한다. 공포 영화의 피해자가 주로 개인인 데 비해 재난 영화의 피해자는 집단이라는 점이 다르다. 태풍이나 지진, 홍수, 화산, 눈사태, 산불 등의 자연재해 영화, 항공기, 선박, 열차 등 교통수단과 관련된 영화, 빌딩의 화재, 테러로 인한 재앙을 다루는 영화, 괴물이나 우주로부터의 위협을 다루는 영화 등으로 다시 분류된다. 그에 더해 이제는 감염병에 의한 재난 영화도 하나의 항목으로 자리 잡아야 하지 않을까 싶다.

재난 속에서 누구나 영웅이 될 수 있다

재난의 상황에서 서로 돕는 이야기는 우리에게도 낯설지 않다. 태풍으로 피해를 본 농가를 돕기 위한 기부금이 쌓였고, 유조선 침몰로 바다를 덮은 기름을 제거하기 위해 자원봉사자들이 나섰다.

코로나19가 가져온 재난 앞에서도 마찬가지였다. 사람들은 마스크가 더 필요한 사람들에게 갈 수 있도록 양보하고, 판로가 막혀버린 농산물을 앞다투어 구입하여 피해 농가를 도왔다. 자발적으로 임대료를 인하하는 건물주가 있었고, 택배 기사를 위해 현관문 앞에 간식을 준비해 두는 이도 있었고, 의료진에게 감사 편지를 보내는 사람도 있었다. 우리는 그 어느 때보다도 이타적으로 행동하려고 노력했고, 나의 행동이 사회적으로 어떤 파장을 불러올지에 대해 깊이 생각했다.

조금 더 과거, 우리 현대사에도 이런 경험이 있다. 『이 폐허를 응시하다』를 읽으면 광주를 생각하게 된다. 1980년 당시 언론은 광주에서 폭동이 일어나 살인과 방화가 난무하는 무법천지가 됐다고 보도했다. 하지만 계엄군에 의해 봉쇄된 당시 광주 시민들의 얘기는 달랐다. 시민들은 음식을 나누고, 부상당한 이웃을 위해 피를 나누었다. 실제 광주는 광주 시민들을 '진압'하러 계엄군이 다시 몰려오기 전까지 평화로웠다.

5·18기념재단에 따르면, 수많은 부상자들 때문에 혈액 부족으로 곤란을 겪던 병원들도 시민들의 헌혈로 혈액이 남아돌았고, 경찰에 의한 치안 유지 활동이 전혀 없었음에도 불구하고 은행이나 신용금고 같은 금융기관에서는 물론, 금은방 등 귀금속 상점에서도 별다른 사고가 일어나지 않았다고 한다. 가장 야만적인 행동은 기존 질서의 파괴를 위한 것이 아니라 "기존 질서를 보호하기 위한 당국의 행동"이라는 리베카 솔닛의 말이 5월이 올 때마다 유독 마음에 박힌다.

재난이 만들어 낸 폐허 속에서 숭고한 인류애가 싹트는 것은 어떤 이유에서일까? 솔닛에 따르면, 우리는 날마다 각자 고통받고 각자 죽어 가고 있다. 평소에는 그런 일을 혼자 겪는다. 그러나 재난 상황에서는 함께 고통받기 때문에 생존자들 사이에 더 친밀하고 집단적인 연대감이 샘솟게 된다. 게다가 죽음의 문턱까지 갔다 온 경험은 너무도 당연하나 우리 모두 잊고 지내는 사실, 즉 '누구나 언젠가는 죽는다'는 사실을 일깨운다. 삶의 목적과 본질에 충실하게 살 수 있도록 삶의 방향키가 재조정된다. 솔닛은 한 걸음 더 나아가 질문의 방향을 바꿀 것을 촉구한다.

우리가 해야 할 진짜 질문은 왜 이런 짧은 상호부조와 이타주의의 천국

이 나타나는지가 아니라 왜 평소에는 그런 천국이 다른 세계의 질서에 묻혀 버리는가이다. (…) 재난의 순간은 사회적 격동의 순간인 동시에 전통적인 믿음과 역할의 족쇄가 풀리고 다양한 가능성이 열리는 순간이다.

2020년, 코로나19라는 재난 앞에서 우리는 초유의 사태를 경험했다. 학교가 열리지 않는 3월이라니! 미사가 중지된 명동성당, 공연이 취소된 국립극장, 문을 닫은 도서관이라니! 당연하게 돌아가던 시스템들이 모두 멈췄다. 그 대신에 사람들은 일찍 퇴근해서 가족과 함께 저녁 시간을 보내게 됐다. 쇼핑몰도, 영화관도 석연치 않으니 햇볕과 바람이 좋은 봄날 공원을 산책하게 됐다. 우리는 서로의 소중함에 대해 깊이 깨닫게 되었으며 인류애를 생각하고 실천하는 존재가 됐다.

많은 영화에서 재난은 이기주의와 폭력, 어리석음과 광기가 뒤섞인 모습으로 나타난다. 우리는 주로 이 상황에서 홀연히 나타나 분투하는 영웅의 행적을 뒤쫓으며 영화를 감상한다. 멋진 영웅이 없는 재난 영화는 상상할 수조차 없다. 이런 영화에 익숙해진 탓에 '인간은 어리석으며, 재난을 돌파할 능력이 없다'는 생각을 가지게 되는지도 모른다.

그러나 현실은 다르다. 인류의 역사는 재난 속에서 서로를 구했던 시민들 모두가 영웅이라는 것을 증언한다. 화산이 폭발하지 않아도, 대지진이 발생하지 않아도, 혜성이 지구와 충돌하지 않아도, 이미 인류는 상시적인 재난 상황에 놓여 있다. 지구가 끓어오르고 있다고 하지 않은가. 매년 경험하는 '이상기후'가 생생히 말해 주고 있다. 그러니 그 어느 때보다도 우리 모두가 영웅이 될 차례이지 않을까?

더 깊이, 더 넓게 읽기

- 리베카 솔닛, 『**어둠 속의 희망**』, 창비
- 니컬러스 A. 크리스타키스·제임스 파울러, 『**행복은 전염된다**』, 김영사
- 신카이 마코토, 『**스즈메의 문단속**』, 대원씨아이

우리의 도시는 모두에게 안전한가

KEYWORD #도시 #이동 #장애인

• BOOK 9 •

『여자를 위한 도시는 없다』

레슬리 컨 지음

번화가여도, 한낮이어도 안심할 수가 없다

번화한 도시의 큰길을 걷고 있던 여성이 칼에 찔려 숨지고 한낮에 동네 뒷산을 산책하던 여성이 너클을 낀 주먹에 맞아 숨졌다. 으슥하고 외진 길, 어두운 밤길만 조심하면 되는 줄 알았는데 안전한 곳이 없다. 사람이 없으면 없는 대로 사람이 많으면 많은 대로 어디나 위험하다. '운이 좋아 여태 살아남았구나.'라는 생각만 하게 된다. 이럴 때 『여자를 위한 도시는 없다』를 꺼내 읽는다.

누구에게나 혼자 있을 권리가 보장되는 것은 아니다

유명한 미국 드라마 〈섹스 앤 더 시티〉에는 이런 에피소드가 있다. 평소에 늘 당당하던 사만다가 어느 날 고급 레스토랑에서 바람을 맞는다. 사만다는 바람을 맞았다는 사실보다 테이블에 혼자 앉아야 한다는 사실에 모욕감과 수치심을 느낀다. 다른 사람들이 자신을 보고 불쌍하다거나 이상하다고 생각할까 두렵다.

혼자 식사하는 남자는 출장 중이거나 당당한 사람으로 보이는데 혼자 식사하는 여자는 왜 측은한 사람으로 보일까? 사만다의 친구 캐리는 그것이 궁금했다. 그래서 책이나 신문 없이 혼자 외식하기에 도전한다. 왜 책이나 신문이냐고? 이 드라마는 스마트폰이 나오기 전에 제작되었기 때문이다.

'도전'이라고 할 만큼 캐리는 두려움을 느끼지만 실제로는 아무 일도 일어나지 않았다. 아무 일도 일어나지 않는 것이 당연하지만, 이 당연한 일이 별로 당연하지 않은 시절도 있었다. 이 에피소드는 남자와 여자가 혼자일 때 어떻게 다른 처지에 놓이게 되는지를 드러내는 것으로 유명해졌다. 『여자를 위한 도시는 없다』에서 레슬리 컨은 이 에피소드를 예시로 들면서, 도시는 여자들에게 더 조심할 것을 요구하고 실제로도 더 위험하며, 여자들에게는 '혼자 있을 권리'★가 없다고 말한다.

여기까지의 내용도 고개를 끄덕이며 읽게 되지만, 레슬리 컨의 뛰어난 역량은 이어지는 대목에서 더욱 도드라진다. 이것은 여성들만의 문제가 아니다. 흑인과 원주민을 비롯한 비백인들이 공공장소에서 일상적으로 의심스러운 눈초리를 받으며 심문당하거나 그보다 심한 일을 겪는 경우는 많다.

2018년 4월 미국 필라델피아 스타벅스에서 흑인 남성 두 명이 체포됐다. 그들은 약속 시간에 늦는 친구를 기다리고 있을 뿐이었는데, 아무것도 주문하지 않고 앉아 있었다는 이유로 체포되었고 9시간 동안이나 경찰서에 구금되어 있다가 무혐의로 풀려났다. 백

★ **혼자 있을 권리** 정확한 용어로 표현하면 프라이버시privacy권이다. 2011년 《한겨레21》 기사에서 홍성수 교수는 "타인의 간섭에서 자유로운 '혼자 있을 수 있는 시간과 공간'은 모든 자유의 기초이자 전제"라고 말한다. 『여자를 위한 도시는 없다』에서는 타인의 간섭이나 위협 없이 홀로 시간을 보낼 권리를 중심으로 이야기하고 있지만, 프라이버시권은 이보다 훨씬 넓은 개념이다. 특히 정보화사회에서는 자신의 정보가 어떻게 수집되고 유통되는지 스스로 통제할 수 있어야 한다는 내용으로 확대된다.

인 중심 사회에서 비백인들도 혼자 있을 권리가 없다.

장애인의 경우는 어떨까? 선량하지만 무지한 낯선 사람들은 당사자의 동의도 구하지 않은 채 무작정 무례한 '도움의 손길'을 내민다. 멋대로 휠체어를 밀어 준다든지, 길을 안내해 준다며 멋대로 시각장애인의 팔을 잡는다. 시각장애인 사회 운동가 에이미 카바나는 흰 지팡이를 사용하기 시작한 뒤로 통근 중에 사람들이 자꾸 자신을 붙잡자 소셜미디어에서 '#잡지말고물어보세요JustAskDontGrab' 캠페인을 벌이기도 했다. 비장애인 중심 사회에서 장애인은 혼자 있을 권리가 없다. 여자를 위한 도시가 없다는 말은 비백인, 장애인을 위한 도시가 없다는 말과 동의어다.

우리나라로 눈을 돌리면 '혼자 있을 권리' 차원의 문제보다 훨씬 심각한 문제가 펼쳐진다. 전국장애인차별철폐연대의 지하철 시위를 보라. 어딘가로 이동하기 위해 대중교통을 이용하는 것은 누구나 누려야 할 기본적인 권리이다. 시위에 참여한 장애인들은 그저 지하철을 타려고 했을 뿐이다. 그냥 지하철을 타려고 하는 것으로 대중교통에 혼란을 초래하고, 시위가 될 수 있다니 놀라지 않을 수 없다. 도시의 지하철이 철저하게 비장애인 중심으로 설계되어 있다는 것을 보여 주는 사례다.

'짝벌남'은 우연이 아니다

『여자를 위한 도시는 없다』에는 저자의 경험담도 많이 담겨 있다. 눈길을 끄는 것 가운데 하나는 저자가 열다섯 살이었을 때 친구와 몰래 집을 빠져나와 영화 〈록키 호러 픽쳐 쇼〉의 자정 상영회에 참석했던 이야기다. 저자는 재미있게 영화를 본 후에 집으로 돌아갈 차비를 잃어버려서 친구와 함께 한밤중에 토론토 거리를 헤매고 다닌 경험을 회상하는데, '완전히 정신 나간 짓이었지! 무슨 생각으로 그랬을까? 우리가 살아 있는 게 기적이야!'라고 생각하는 대신 이렇게 이야기한다.

> 나는 우리가 우정 덕분에 도시를 완전히 새로운 방식으로 경험하고, 우리의 한계를 시험하고, 도시가 우리를 위한 장소가 될 수도 있다는 사실을 깨달았다고 생각하지 않을 수 없다. (…) 밤의 도시에서 공간을 차지한다는 것—이동성과 관련된 사회규범 및 성차별적 제한을 근거로 여자애들이 대개 배제되는 시간에 도시의 공공장소를 사용한다는 것—은 우리를 성장케 한, 어쩌면 변화시키기까지 한 경험이었다.

저자는 이 경험을 떠올리며 주류 영화들이 소녀들의 우정을 다루는 방식을 이야기한다. 많은 청소년 영화에서 소녀들은 '침실을 벗어나'는 법이 거의 없다. 혹시 벗어난다면? 그래 봐야 학교 화장실이다. 소녀들이 교차로나 길모퉁이에서 만나는 법도 없다. 소녀들이 공공장소, 특히 도시 공간에 등장하는 것은 대체로 소년들과 있을 때다. 영화 밖으로 나와도 비슷한 일이 벌어진다. '젊은이를 위한 공간'을 부르짖는 지역사회가 제안하는 공간은 스케이트장, 농구장, 하키장인데, 이는 실질적으로 소년들이 독차지하고 있는 공간이다. 그런한 곳에서 소녀들은 다른 친구들과 어울리기도, 안전하다고 느끼기도 어렵다. 이런 상황들을 생각하면서 열다섯 살 저자의 밤길 배회기를 떠올려 보면, 그가 이 경험을 특별하게 여기는 이유를 이해할 수 있다.

여성들은 알게 모르게 공적인 공간에서 배제되거나 축소된다. '작아질 것'을 요구받는다. 저자는 지하철의 '쩍벌남'을 예시로 든다. 쩍벌남은 대한민국에만 있는 게 아니란 말인가? 이 책에서는 쩍벌남이 '자리에 앉을 때 다리를 너무 벌려서 좌석을 한 자리 넘게 차지하거나 주위 사람들로 하여금 몸을 웅크리게 만드는 남자'라는 개념 정의까지 해 놓고 있다. 쩍벌남은 흔하지만 '쩍벌녀'는 없다는 사실은 우연이 아니다.

『여자를 위한 도시는 없다』는 혼자만의 도시, 친구들과의 도시도 다루지만, 엄마들의 도시, 시위의 도시, 공포의 도시도 이야기한다. 그리고 이 모든 이야기가 흥미롭다.

더 깊이, 더 넓게 읽기

- 캐럴라인 크리아도 페레스, 『**보이지 않는 여자들**』, 웅진지식하우스
- 이혜미, 『**착취도시, 서울**』, 글항아리
- 김현미, 『**흠결 없는 파편들의 사회**』, 봄알람

왜 우리는 스스로를 악한 존재라고 믿고 싶어 할까

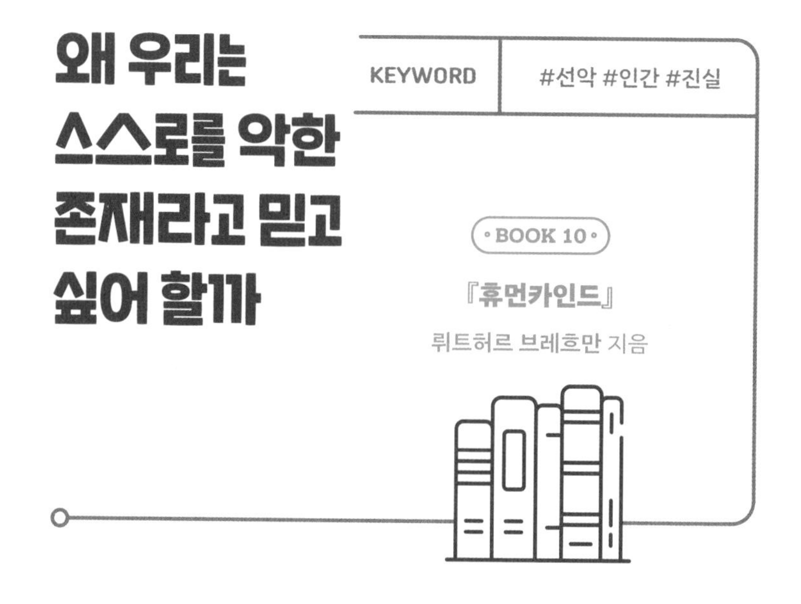

정말 아무도 제노비스를 돕지 않았을까?

1964년 3월 13일 오전 3시 25분 키티 제노비스라는 여성이 괴한의 칼에 찔려 살해됐다. 제노비스는 칼에 찔리면서도 주변에 필사적으로 도움을 요청했는데, 그의 외침을 들은 사람들이 수십 명에 달했지만 아무도 제노비스를 도와주러 나오지 않았다. 언론은

이 사건을 대대적으로 보도했고 많은 사람들이 경악했다. 왜 아무도 제노비스를 도와주지 않은 걸까? 학자들이 이 문제를 해석하기 위해 매달렸고, '방관자 효과'라는 용어가 생겨났다. 이 이야기는 심리학 교과서에 실리고, 역사책에도 실리게 된다. 이에 우리는 침통한 마음으로 생각한다. '역시 인간의 본성은 악한 것일까?'

악한 본성을 인정하는 마음은 쓰라리지만 수많은 증거가 우리의 악함을 증명한다. 필립 짐바르도의 '스탠퍼드 감옥 실험'은 어떠한가. 평범한 사람들이 실험에 참가해서 모의 감옥 생활을 했을 뿐인데, 교도관 역할 참가자들이 죄수 역할 참가자들을 너무 잔혹하게 대하는 바람에 결국 실험이 중단됐다.

스탠리 밀그램의 '전기 충격 실험'★도 비슷하다. 참가자들은 단지 틀린 답을 말했다는 이유로 상대방에게 위험한 수준의 전기 충격을 가하는 일에 동참했다. 인간은 원래 악한 존재라서 어떤 상황

★ **밀그램의 전기 충격 실험** 1961년 스탠퍼드대학교에서 스탠리 밀그램에 의해 진행된 실험이다. 신문광고로 실험 참가자를 모집해서 응답자가 틀린 답을 할 때마다 전기 충격 스위치를 누르도록 했다. 이때 전기 충격은 가짜였고, 응답자의 비명 소리 또한 가짜였지만, 참가자들은 이 사실을 모르는 상황이었다. 응답자의 65퍼센트가 가장 강력한 단계까지 스위치를 눌렀다는 실험 결과는 세상을 충격에 빠뜨렸다. 스탠리 밀그램은 사람들이 특정 상황 속에서 자기 스스로 생각하기보다는 권위에 복종하는 경향을 보인다는 결론을 도출하여 『권위에 대한 복종』이라는 책을 펴냈다. 이 실험은 비윤리성 때문에 비판을 받았으며 『휴먼카인드』에서 지적한 바와 같이 실험 결과가 왜곡되었다는 지적을 받고 있다.

이 주어지면 그대로 악함을 표출하게 된다. 이 이야기 역시 우리나라 고등학교 교과서에도 실려 있을 정도로 유명하다.

'인간은 악하다'는 것이 우리의 보편적인 믿음이었다. 그렇지 않고서야 나치의 유대인 학살이며 지금도 곳곳에서 일어나는 혐오와 차별을 어떻게 이해할 것인가? 그런데 지금까지의 상식을 완전히 뒤집은 책이 나왔다. 『휴먼카인드』는 인간의 악함을 증명해 온 유명한 증거들을 하나하나 되짚어 나간다.

제노비스를 도우러 달려간 사람이 있었다

제노비스 사건을 다시 보자. 그날 날씨는 추웠고 한밤중이었다. 대다수 주민은 창문을 닫고 있었고 거리의 조명은 어두워서 밖에서 무슨 일이 일어나는지 알기 어려운 상태였다. 그럼에도 최소한 두 명이 경찰에 신고했고, 상황을 눈치채고는 망설임 없이 제노비스를 향해 달려간 사람도 있었다. (경찰은 오지 않았다. 아마도 경찰은 그것이 부부 싸움일 것이라고 추정해 버린 듯한데, 당시는 배우자 폭행을 대수롭지 않게 생각하던 시절이었다.) 실제로 제노비스는 이웃 소피아 패러의 품에 안겨 숨졌다. 두 명의 목격자가 적극적으로 나선 덕분에 살인범은 사건 5일 후에 체포됐다.

그런데 우리는 왜 이 사건을 완전히 다르게 알고 있을까? 사건의 진실이 덜 자극적이기 때문이다. 당시 언론은 사실 그대로를 보도하지 않고 '팔리는 이야기'를 지어낸 것이다. 클릭을 유도하기 위해 자극적인 기사를 쓰는 것은 오늘날의 언론도 많이 저지르는 일이다. 스탠퍼드 감옥 실험에도 숨겨진 이야기가 있다. 짐바르도는 의도한 결과를 얻기 위해 교도관 역할의 참가자들을 부추기고 조종했다. 전기 충격 실험도 마찬가지다. '사람들은 권위에 복종하여 비인간적인 명령에도 기꺼이 따른다'는 사실을 입증하려는 실험이었지만, 실험 당시의 녹음 파일을 들어 보면 강압적인 명령이 내려지는 순간 많은 참가자들이 즉시 실험을 중단했다. 부당한 명령에 즉각적으로 불복종한 것이다.

깨진 유리창 너머에 숨겨진 진실

『휴먼카인드』에는 잘 알려진 '깨진 유리창 이론'도 나온다. 깨진 유리창을 방치하면 나머지 유리창도 곧 깨진다는 내용이다. 꽤 괜찮은 동네에 차를 일주일 동안 방치했지만 아무 일도 일어나지 않다가, 연구원이 망치로 창문 한 개를 깨뜨리자 불과 몇 시간 만에 사람들이 차를 완전히 부숴 버렸다고 해서 '깨진 유리창'이라는 이름이 붙었다.

1990년 뉴욕시는 이 이론을 치안 정책에 도입했다. 공공장소에서 술을 마시거나 노상 방뇨를 하는 사소한 법규 위반자들을 잡아들이자 범죄율이 급감했다. 무슨 일이 생긴 걸까? 정말로 사람들은 언제나 나쁜 짓을 저지를 준비가 되어 있어서, '유리창이 깨져 방치된 자동차'처럼 어떤 계기만 주어지면 곧바로 범법 행위를 하는 존재인 걸까?

진실은 이렇다. 서류상으로는 모든 것이 환상적이었다. 하지만 그 통계치를 만들기 위해 경찰관들은 최대한 많은 벌금을 부과했고 위반을 조작했으며 범죄율 수치를 줄이기 위해 범죄를 은폐하기도 했다는 사실이 밝혀졌다.

깨진 유리창 이론에 대해서는 또 다른 비판도 있다. 일단 뉴욕시에서 깨진 유리창 이론을 도입해 범죄 감소에 성공했다고 주장하는 시기는 미국 전역에서 범죄가 감소했던 시기와 겹친다는 것이다. 한편 『괴짜 경제학』을 쓴 경제학자 스티븐 레빗은 뉴욕시가 1970년대 낙태 합법화에 앞장섰던 도시이며, 1990년 즈음이 그 효과가 가시적으로 나타나는 시기였다는 주장을 펼치기도 한다. 범죄율 감소는 낙태 합법화의 결과로 나타난 현상이었다는 것이다.

그런데 고등학교 교과서에도 실릴 만큼 유명한 이론을 둘러싼 사실관계가 이토록 모호하다는 것이 참으로 의문스럽다. 다만 확실한 것은 있다. 깨진 유리창 이론을 적용하여 뉴욕의 범죄를 획기적으로 줄이는 데 성공했다는 점이 당시 뉴욕시장인 루돌프 줄리아니의 업적으로 화려하게 홍보되었고, 이것이 그의 정치적 행보에 큰 도움이 됐다는 것이다.

우리는 왜 스스로를 악하다고 믿고 싶어 할까?

진짜 놀라운 지점은 이제부터다. 제노비스 사건에 대한 진실, 스탠퍼드 감옥 실험의 이면, 전기 충격 실험의 실체, 깨진 유리창 이론에 바탕을 둔 뉴욕시 치안 정책의 허상, 이 모든 것들이 지금 처음 알려진 것이 아니라는 점이다.

진실이 밝혀진 이후 언론과 학계의 수많은 사람들이 이 사실을 바로잡고자 노력하였지만 실패했다. 사람들은 '인간은 본래 악하다'는 이야기에는 쉽게 설득당하면서 '인간은 선하다'는 반증들은 외면해 왔다. 도대체 왜 그럴까?

우리가 자신의 부패함을 그토록 믿고 싶어 하는 이유는 무엇일까? 껍데기 이론이 순서를 바꾸면서 수없이 계속 돌아오는 이유는 무엇일까? (…) 증오나 이기심에 직면했을 때 당신은 "아, 그건 그냥 인간의 본성이야"라고 스스로에게 말할 수 있다. 그러나 사람들이 본질적으로 선하다고 믿는다면 왜 악이 존재하는지 의문을 가져야 한다. 이는 참여와 저항에 가치가 있음을 의미하며, 행동할 의무를 우리에게 부과한다.

『휴먼카인드』를 읽는 동안 내 마음은 새로운 희망으로 간질간질해졌다. '감춰진 인간 본성에서 찾은 희망의 연대기'라는 부제는 이 책의 내용을 잘 설명한다.

더 깊이, 더 넓게 읽기

- 조지핀 테이, 『**시간의 딸**』, 엘릭시르
- 유발 하라리, 『**사피엔스**』, 김영사
- 매트 리들리, 『**이타적 유전자**』, 사이언스북스

소녀는 왜 그림처럼 앉아서 책을 읽을까

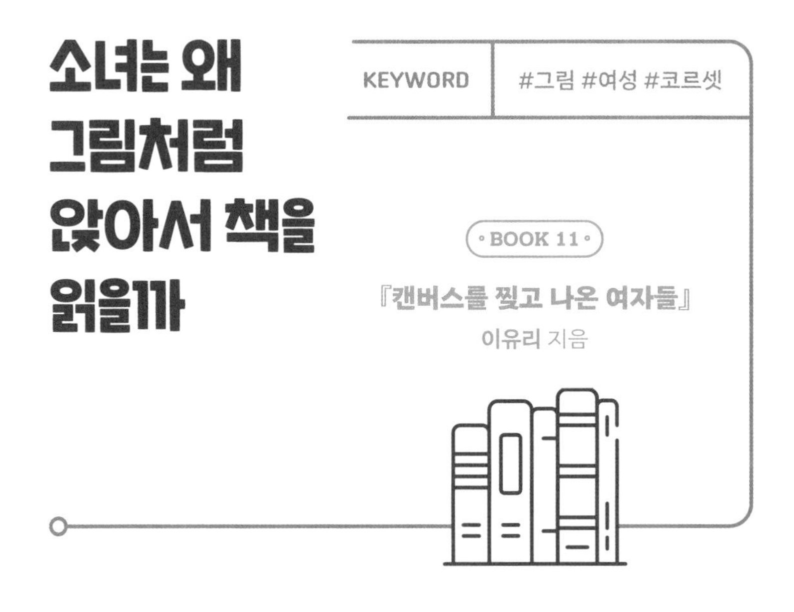

소녀의 '그림 같은' 자세의 비밀

때로 그림은 우리에게 많은 이야기를 들려준다. 예를 들어 장 오노레 프라고나르의 〈책 읽는 소녀〉라는 그림을 보자. 노란색 드레스를 차려입은 아리따운 소녀가 책을 읽고 있다. 뺨이 발그레한 소녀는 고개를 살짝 숙이고 책에 푹 빠져 있다. 마치 '책 읽는 당신이 아름답습니다'라는 공익광고에 출현해야 할 것 같은 모습이다.

그런데 찬찬히 들여다보면 뭔가 이상한 점이 눈에 들어오기 시작한다. 먼저 소녀의 등이 지나치게 꼿꼿하다. 모델이 되어 포즈를 취하는 중이니 거북목으로 앉아 있을 수는 없어서 힘을 주었다 치자. 또 의아한 부분은 소녀가 한 손으로 들고 있는 아주 작은 책이다. 책이 왜 이렇게 작을까? 종이가 귀해서 책을 작게 만들었을까? 이 시대에는 책이 부채나 손수건처럼 일종의 장신구였던 것일까?

『캔버스를 찢고 나온 여자들』은 우리가 상상도 못한 설명을 들려준다. 그림이 그려진 18세기의 상류층 여자들은 고래수염으로 만든 코르셋★을 입었다. 배와 등을 판판하게 눌러 주고 가슴은 더욱 풍만해 보이도록 해 줬다. 하지만 단단한 고래수염 때문에 몸을 굽힐 수가 없었다. 책상 위에 책을 놓고 읽는 것도 불가능해서 아예 책을 한 손에 들 수 있도록 작게 만든 것이다.

그러고 보니 영화에서 본 장면들이 머릿속을 스친다. 드레스를

★ **코르셋** 여성의 몸매를 '보정'할 목적으로 만들어진 속옷의 일종이다. 우리에게 익숙한 형태의 코르셋이 자리 잡은 것은 16세기부터였다고 한다. 고래수염이나 동물의 뼈, 금속 등을 넣어 단단하게 형태를 잡았으며 강하게 몸을 압박하여 허리를 가느다랗게 만들고자 했다. 그 부작용으로 장기에 변형이 생기거나 척추에 이상이 생기는 경우가 드물지 않았다고 한다. 오늘날에는 여성에게 과도한 자기 관리를 강요하는 사회적 압력 등을 가리키는 말로도 쓰인다.

입은 여자가 무언가를 떨어뜨리면 친절한 신사가 허리를 굽혀 여자의 물건을 주워 건네주지 않던가. 나는 여태껏 그것이 신사의 매너라고만 생각했는데, 실은 여성이 그러한 옷을 입은 채로는 허리를 굽힐 수 없기 때문이었다.

이 시기 여성복은 몸을 옥죄고 행동을 제약하는 감옥과 다름없었다. 슈미즈, 코르셋, 여러 겹의 페티코트, 스타킹 등 열 가지가 넘는 속옷을 챙겨 입은 뒤 바닥에 질질 끌릴 정도로 긴 드레스를 걸친 여자. 그녀 혼자 뭘 할 수 있겠는가? 이렇게 무겁고 꽉 끼는 의복 탓에 여성은 일거수일투족을 타인에게 의존할 수밖에 없었다.

'셜록 홈즈에게 뛰어난 탐정으로서의 자질을 가진 여동생이 있다면?'이라는 가정에서 출발한 〈에놀라 홈즈〉라는 영화가 있다. 주인공 에놀라가 런던으로 가출을 감행한 뒤 각종 사건을 해결하는데, 그중에는 공작부인 실종 사건도 있다. 에놀라는 아름답고 기품 있기로 유명한 공작부인을 찾아낸 뒤 충격적인 사실을 알게 된다. 공작부인이 도망칠 수 없었던 이유가 코르셋이었던 것이다. 오랜 시간 코르셋에 의지했던 몸은 근육이 너무 약해져서 코르셋이 없으면 제대로 움직일 수도 없었다고 한다. 과거 중국에는 어린 소녀의 발을 꺾고 묶어서 더 이상 자라지 못하도록 했던 '전족'이라는 풍습이 있어 지탄의 대상이 되었는데, 야만적이고 비인간적이기로는 코르셋도 그 못지않다는 생각을 했다.

〈책 읽는 소녀〉의 아름다움 이면의 잔혹한 진실을 알려 준 저자는 이어서 이탈리아 화가 페데리코 찬도메네기의 〈자전거 만남〉으로 독자를 인도한다. 두 그림 사이에 놓여 있는 것은 100년 이상의 세월만이 아니다. 놀랍게도 이 그림의 여자들은 바지를 입고 자전거를 타고 있다. 19세기 후반 파리의 풍경이다. 자전거가 유행하면서 여자들도 자전거를 타기 시작했는데 드레스 자락이 바퀴에 말려드는 바람에 자꾸 사고가 나자 여자들에게 바지를 허용한 것이다. 그렇다고 바지 착용이 전면적으로 허용된 것은 아니었다. 파리 여성들은 바지를 입을 때 경찰의 허가를 받도록 규정된 법이 엄연히 존재했다. 사문화되어 효력이 없어진 지 오래된 이 규정이 공식적으로 폐지된 것은 충격적이게도 2013년이라고 한다.

그림 속
안경 쓴 여자의 사정

1777년에 그려진 또 다른 여자의 그림으로 눈을 돌려보자. 〈안경을 쓴 자화상〉은 아나 도로테아 테르부슈의 작품이다. 의자에

걸터앉은 중년 여성이 책을 읽다가 고개를 오른쪽으로 살짝 돌려 우리를 바라보고 있는 듯하다. 여자의 한쪽 발은 발 받침대 위에 올려져 있고, 여자의 몸은 앞으로 숙인 상태다.

비슷한 시기에 그려진 그림 가운데 안경을 쓰고 편안한 자세로 책을 읽고 있는 여자를 그린 그림이 또 있을까? 그림 속 여자는 뜨개질하거나 아이를 돌보거나 집안일을 하고 있지도 않고, 화려한 장신구와 코르셋으로 단장을 하고 있지도 않다. 그 대신에 흰머리와 주름을 가감 없이 드러내고 무려 안경까지 쓰고 있다.

테르부슈는 어릴 때부터 초상화가로서 이름을 날린 천재였다. 구태여 아름다움과 젊음을 내세울 필요도 없고, '여자다운 일'을 하고 있는 모습을 연출하지 않아도 된다는 자신감 덕분에 이런 그림을 그릴 수 있었을 것이다.

하지만 시대는 이 재능 넘치는 화가에게 그렇게 관대하지는 않았다. 파리로 진출한 테르부슈의 그림은 곧바로 주목을 끌었지만, 루이 15세의 궁전에 출입할 정도의 입지를 굳히지는 못했다. 프랑스 철학자 드니 디드로는 그것이 테르부슈에게 '재능이 부족해서가 아니라 젊음과 미모와 수줍음과 애교가 부족했기 때문'이라고 분석한다. 시대가 요구하는 '애교'를 줄 수 없었던 테르부슈는 결국 파리에서 빈털터리가 되어 고향으로 돌아갔다. 하지만 〈안경을 쓴 자화상〉을 보면 세상의 불합리한 잣대에도 불구하고 테르부슈의 자존감은 건재했던 것 같다. 그림 속 여자는 읽던 책에서 잠시 고개를 돌려 당당하고 담담하게 우리에게 시선을 보낸다. 아마도 곧 다시 책 속으로, 자신의 세계로 빠져들어 갈 듯하다.

『캔버스를 찢고 나온 여자들』은 시대를 초월한 걸작으로 평가받는 작품에 담긴 동양에 대한 편견을 지적하기도 하고, 그냥 아름답다고만 생각해 왔던 작품에서 여성에 대한 부적절한 시선을 찾아내기도 한다. 그리고 더 나아가, 그림에서 찾아낸 '문제'들이 그냥 과거의 문제가 아니라 '지금, 여기'의 문제임을 집어낸다.

〈책 읽는 소녀〉가 입고 있던 코르셋은 이제 과거가 되었나? 하이힐을 계속 신으면 발 모양이 변형되고 척추에도 심각한 무리가 생긴다. 움직임도 많이 제한된다. 그런데도 여전히 여자들은 가늘고 높은 굽의 구두를 신는다. 〈자전거 만남〉에서 조심스럽게 바지를 입었던 여자들은, 이제는 당당하게 일상적으로 바지를 입는다. 하지만 아직도 중고등학교의 여학생 교복은 치마가 기본값이다. 바지 교복도 있지만, 그걸 선택하기 위해서는 큰 용기가 필요하다. 〈안경을 쓴 자화상〉의 화가는 안경을 쓰고 자기 그림에 당당하게 등장하는데, 여성 아나운서가 안경을 쓰고 텔레비전에 나왔을 때 세상이 떠들썩했었다. 20세기에 일어난 일이 아니다. 2018년 MBC 임현주 아나운서가 안경을 끼고 뉴스를 진행했을 때 세상은 온통 호들갑을 떨었다.

테르부슈가 뛰어난 재능에도 불구하고 그 시대와 사회가 요구하는 여성상에 맞출 수가 없어서, 적절한 애교를 구사할 줄 몰라서 고향으로 되돌아가게 된 사연을 읽으니 예능에 출연해서 애교 좀 보여 달라는 요구를 받는 수많은 여성 연예인들이 떠오른다. 자기 분야에서 전문성을 인정받은 사람들이고 다 큰 성인인데 아직도 그런 요구를 받는다. 누가 박보검에게, BTS 정국에게 애교를 요구하겠나.

더 깊이, 더 넓게 읽기

- 이유리, 『**기울어진 미술관**』, 한겨레출판
- 이충열, 『**화가들은 왜 비너스를 눕혔을까?**』, 한뼘책방
- 이윤희, 『**불편한 시선**』, 아날로그

시를 어떻게 읽어야 할까

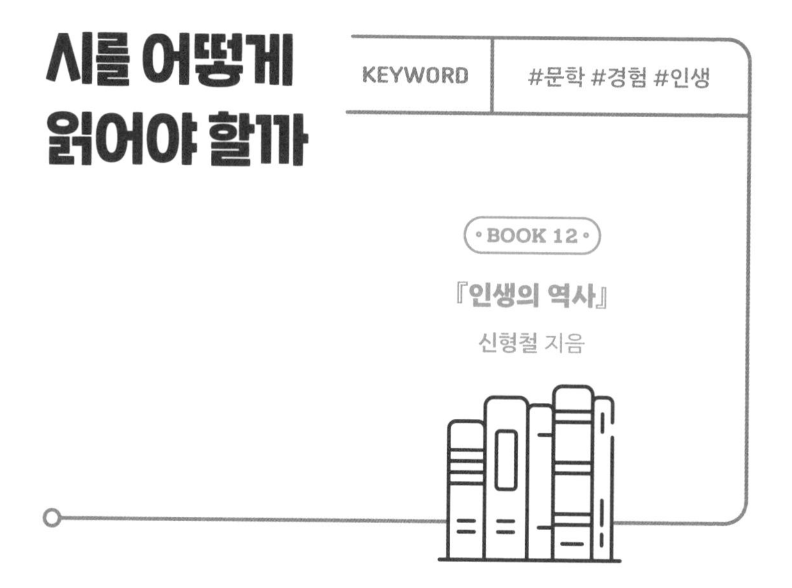

진창 좀 디딘다고, 그게 뭐?

"ᄃᆞᆯ하 노피곰 도ᄃᆞ샤 / 어긔야 머리곰 비취오시라(달님이여, 높이높이 돋으시어 / 아아, 멀리 비춰 주소서)"라는 가사로 시작하는 고대 가요 「정읍사」는 내게 오랜 의문을 남겼다. 밤이 깊도록 돌아오지 않는 남편이 진창에 빠질까 봐 염려하는 내용이라는 국어 선생님의 설명을 듣고 난 후, 이 시를 기필코 이해하여 국어 시험에서 좋은 성적을 받아야 한다는 과업을 앞둔 내 머릿속에 엉뚱한 의문이 자리 잡았다. 어두운 귀갓길에 진창 좀 잘못 디딘다 해서 무슨 사달이 난다고 시까지 지어 가며 염려하는 마음을 쏟아 낸단 말인가. 신발이 더러워지긴 하겠지만, 그게 뭐 큰일이라고.

의문은 그로부터 30년가량이 흐른 뒤에야 풀렸다. 친구랑 정읍을 여행하던 중이었다. 걷는 일이 좀 무료해질 무렵, 문득 정읍사에 얽힌 오래된 의문이 생각나 친구에게 털어놓았다. 친구가 답을 알 것이라는 기대는 없었다. 그 친구도 나도, 시의 의미와 느낌까지 탈탈 털어 외워서 대학에 간 사람들 아닌가. 그런데 경상도 산골에서 어린 시절을 보낸 친구는 의외로 명쾌한 답을 주었다. 포장도로 따위 있을 리 없는 시골길에서 진창이란 한번 빠지면 목숨도 잃을 수 있는 무시무시한 곳이라는 것이다. 〈정읍사〉는 현실의 두려움을 그대로 표현한 것이라고 했다. 도시에서 태어나고 평생을 도시에서 자란 내가 도저히 이해할 수 없는 맥락이었다.

『인생의 역사』는 신형철 평론가가 '겪은' 시들에 대한 이야기를 모은 책이다. '내가 겪은 시를 엮으며'라는 제목의 서문을 마주한 독자는 이런 질문을 떠올릴 것이다. '시를 겪는다니? 시는 읽고 감상하는 것 아니야?' 이런 질문을 예상이라도 했다는 듯 저자가 준비한 다음 문장이 독자를 기다린다. "내가 조금은 단호하게 말할 수 있는 것 중의 하나는 시를 읽는 일에는 이론의 넓이보다 경험의 깊이가 중요하다는 사실이다. 우리는 어떤 일을 겪으면서 알던 시도 다시 겪는다." 「정읍사」에 얽힌 사연이 없었더라면 무심히 지나칠 수도 있었을 이 문장이 내 마음에 깊이 와서 박힌다.

『인생의 역사』는 「정읍사」보다도 오래된 노래 「공무도하가」로 시작한다. "임이여 물을 건너지 마오. 임은 결국 물을 건너시네. 물에 빠져 죽었으니, 장차 임을 어이 할꼬."라는 구절로 이루어진 이 짧은 노래도 국어 수업 때 이미 만난 적 있다. 술에 취해 인사불성이 되어서 아내의 만류에도 불구하고 강을 건너다 물에 빠져 죽었다는 시를 읽으며, 처음에는 어떤 마음으로 이 시를 읽어야 할지 종잡을 수가 없었다. 그저 시험 문제에 나올 만한 지점을 찾아 고심했던 기억만이 남아 있다. 그런데 이 시에 마음이 동한 사람들이 꽤나 많았던 모양이다. 가수 이상은은 「공무도하가」라는 노래를 지어 불렀고, 소설가 김훈은 『공무도하』라는 소설을 썼다.

신형철에 따르면 「공무도하가」는 뜻대로 되지 않는 인생에 대한 시다. 즉, 수천 년 전의 그들과 별로 다르지 않은, 뜻대로 되지 않는 인생을 살고 있는 우리 모두에게 사무칠 시다. 이 시가 사무치는 이들은 뜻대로 되지 않는 인생을 '살고 있다'는 점에 주목해야 한다. 시를 읽는 데는 경험의 깊이가 중요하다. 인생을 겪은 만큼 시를 겪을 수 있으니까.

시를 겪어 보겠다는 결심

이번에는 로버트 프로스트의 「가지 않은 길」을 겪는 신형철의 이야기를 따라가 보자. "노란 숲속에 두 갈래 길 나 있어, / 나는 둘 다 가지 못하고"라는 구절로 시작하는 이 시는 미국인이 가장 사랑하는 시★이자 해외에서 가장 많이 인용되는 미국 시다. 내게는 이 시를 정성껏 필사해 책상머리에 붙여 놓고, 온 마음으로 암송하던 언니에 대한 기억으로 각인되어 있다. 함께 쓰던 작디작은 방에서 마지막 구절을 읽으며 살며시 한숨 짓던 언니의 목소리와 표정이 지금도 생생하다. 숲속의 두 갈래 길 중 화자는 사람들이 잘 가지 않는 길을 선택했고, 그 선택으로 인해 모든 것이 달라졌다는 내용인데, 오직 하나의 길만을 선택할 수 있는 유한성에 대한 안타까움과 사람들이 택하지 않는 길을 걸어가는 자의 고독한 아름다움을 잘 표현하고 있어 많은 이들의 사랑을 받아 왔다.

그런데 신형철은 다른 이야기를 꺼내 놓는다. 시인은 '사람들

★ **미국인이 가장 사랑하는 시** 미국의 작가이자 평론가 로버트 핀스키가 1999년 발표한 조사 결과로, 로버트 프로스트는 「가지 않은 길」 외에도 「눈 내리는 저녁 숲가에 멈춰 서서」까지 두 편이 5위 안에 들었다. 그렇다면 한국인이 가장 사랑하는 시는 무엇일까? 2008년 KBS가 한국 현대시 탄생 100주년을 맞아 조사한 바에 따르면, 1위는 김소월의 「진달래꽃」이었다. "나 보기가 역겨워 가실 때에는"으로 시작하는 바로 그 시다.

이 자신의 선택에 필연적 이유가 있기를, 또 가능하다면 그 이유가 숭고하고 아름답기를 바라며, 훗날 자신의 선택을 다소 미화된 방식으로 회상하게 될 것'이라 말하고 있다는 것이다. 또 다른 해석도 있다. 프로스트는 이 시를 완성하자마자 자기 친구에게 보냈는데, 그 친구는 어떤 길을 택하든 가지 못한 길을 생각하며 한숨짓는 사람이었다고 한다. 그런 친구에게 시인은 인생에서 절대적으로 올바른 선택이란 없으니 가지 않는 길에 대한 미련을 접으라는 말을 전하려 했다는 것이다. 이쯤 되면 어질어질해진다. 도대체 어떤 해석이 맞는 걸까?

어떤 길을 택해야 할까. 외로운 선택을 한 사람의 자기 긍정을 표현한 시? 자의적 선택에 사후적 의미를 부여하는 인간의 자기기만을 꼬집은 시? 후회가 많은 이에게 들려주는 부드러운 충고의 시? 나의 대답은, 선택할 필요가 없다는 것이다.

신형철은 우리에게 묻는다. 왜 선택해야 하느냐고. 이 말을 들은 독자는 마음이 놓인다. 한번 놓친 길은 다시 걸을 수 없는 것이 인생이라지만, 시는 인생과 달라서 처음으로 되돌아가 다시 읽고 고쳐 읽기를 거듭해도 된다니 얼마나 다행스러운가. 내가 시를 제대로 읽고 있는지 하는 불안을 접어 두고, 스스로를 믿으며 천천히

그리고 찬찬히 읽어 나가면 될 듯하다. 그렇게 하다 보면 내 마음에 사무치는 시 몇 편을 발견할 수도 있을 것이다. 감히 말하자면 사무치는 시 한두 편 마음에 품지 못하는 인생은 공허하지 않은가. 나도 새로운 결심을 해 보려고 한다. 이제부터는 시를 잘 '겪어' 보겠다는 결심. 혼자서는 좀 어려울까? '시 겪기 모임'이라도 만들어 볼까?

혹시 나와 비슷한 마음으로 시 겪기 모임을 해 보고 싶거나 혼자라도 시를 겪어 보고 싶은데 너무 막막하다면 『인생의 역사』에 더해 은유의 『올드걸의 시집』도 권한다. 삶의 고단한 마디마디에서 펼친 시와 그 시가 마음에 스며든 사연을 소개하는 에세이인데 절절하게 마음을 울린다.

더 깊이, 더 넓게 읽기

- 은유, **『올드걸의 시집』**, 서해문집
- 이영주, **『백 일의 밤 백 편의 시』**, 뜨인돌
- 정재찬, **『시를 잊은 그대에게』**, 휴머니스트

임진전쟁을 겪으며 조선은 어떻게 달라졌을까

KEYWORD #전쟁 #역사 #한글

BOOK 13

『임진전쟁과 민족의 탄생』

김자현 지음

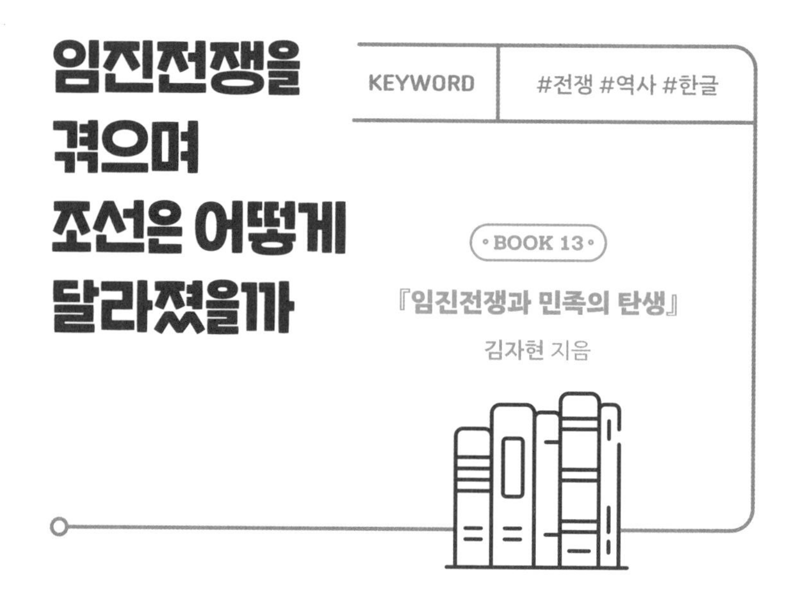

모두가 아는 전쟁, 그러나 실은 모르는 전쟁

"아직 신에게는 열두 척의 배가 남아 있습니다."라는 대사로 유명한 〈명량〉은 누적 관객수 1,700만이라는 경이적인 기록을 수립한 영화다. 임진왜란을 배경으로 한 이 영화는 누명을 쓰고 파면되었던 이순신 장군이 삼도수군통제사로 재임명된 이후의 시기를 집중적으로 다루고 있다. 전의를 상실한 병사들과 두려움에 떨고 있는 백성들, 그리고 남아 있는 열두 척의 배. 이것이 다시 전장에 나서는 이순신이 마주한 모습이었다.

한국 사람이면 누구나 알고 있는 것처럼 이순신은 그 어려운 상황에서 전투를 승리로 이끌었으나 승리를 바로 눈앞에 두고 적군이 쏜 탄환에 맞아 전사하였으며, 자신의 죽음이 군사들의 사기를 꺾을 것을 걱정하여 "나의 죽음을 알리지 말라"는 유언을 남겼다. 그 모든 순간을 영웅적으로 살아 낸 그는 불멸의 명성을 얻었다. 이순신은 가장 사랑받고 존경받는 인물 중 한 명이라는 것 또한 상식에 속한다.

임진왜란에 대해 우리가 알고 있는 지식은 딱 이 정도가 아닐까? 역사 공부를 좀 열심히 했다면, 조선 시대를 전기와 후기로 나누는 중요한 분기점으로서 임진왜란을 거치며 조선의 '모든 것'이 달라졌다는 것 정도가 추가될 듯하다.

『임진전쟁과 민족의 탄생』의 저자 김자현은 1592년에 시작되어 6년간 한국, 중국, 일본, 동아시아 3국으로 확대된 이 전쟁을 '임진전쟁'이라 칭한다. 세계사적인 관점에서 보다 보편적인 명명방식을 따른 것이리라 짐작된다. 임진전쟁 동안 3국은 50만 이상의 전투병을 투입하였으며, 당시로서는 최첨단의 화기를 동원하여 전력투구하였다. 임진전쟁은 '16세기 세계 최대 규모의 전쟁'이었으며 동아시아인들에게는 제2차 세계대전 이전까지 가장 큰 전쟁으로 남았다.

독자들은 일단 전쟁의 규모에서 한번 놀란다. 동아시아의 작은 나라에서 몇백 년 전에 일어났던 전쟁이 그렇게 엄청난 규모였다고? 게다가 임진전쟁이 끝도 아니었다. 이후 만주족의 침략으로 다시금 전화에 휩싸이고 조선 조정은 남한산성으로 피난을 가서 49일을 버티다가 무릎을 꿇었다. 이 정도로 격렬한 시절을 겪어 낸 사회가 그 이전과 같을 수는 없다. '후기' 조선이 모든 면에서 달라지는 것도 당연한 일이다. 그런데 나는 왜 임진전쟁에 대해 이토록 아는 것이 없지? 이순신, 명량해전, 거북선, 논개, 귀주대첩, 의병의 활약…. 당연히 이것이 전부일 리가 없다.

임진전쟁 후에도 조선이 건재할 수 있었던 이유

임진전쟁은 전쟁에 참가한 세 나라 모두에 강력하고 근본적인 영향을 끼쳤다. 중국에서는 한족이 지배하는 명이 몰락하고 만주족의 청이 부상했다. 일본에서는 도쿠가와 이에야스가 도쿠가와 막부를 세웠다. 그런데 이상한 일 아닌가. 정작 6년간 전쟁터로 온

나라가 쑥대밭이 된 조선에서는 정권 교체가 일어나지 않았다. 조선은 그 이후로도 오랫동안 건재했으며 20세기까지 명맥을 이어 나갔다. 어떻게 이런 일이 가능했을까? 『임진전쟁과 민족의 탄생』은 이 흥미로운 질문으로부터 시작한다.

저자는 이 시기 조선에 '민족'이라는 개념이 나타나 널리 퍼지게 된 것에서 답을 찾는다. 건국 후 200년간의 평화는 조선 사회가 안정적으로 자리 잡는 데 큰 도움이 되었지만 외부의 침략을 받게 되자 속수무책이 됐다. 관군은 연이어 패배했고, 일본군은 파죽지세로 북진했다. 선조는 일찌감치 한양을 버리고 피난길에 올라 의주까지 도망쳤다. 도시와 마을은 파괴되었으며 수없이 많은 백성들이 살육당했다.

아무도 믿을 수 없다면 내가 나를 지킬 수밖에 없는 법이다. 백성들은 스스로 의병을 조직하여 무기를 들고 일본과 맞서게 된다. 임진전쟁 이후 이어진 병자호란에서도 마찬가지였다. 역시 조정은 무능했고, 관군은 전투력이 없었으며, 왕은 남한산성으로 도망쳤으니 외세의 침략으로부터 스스로 지키는 것 말고는 방법이 없었을 것이다. 이 과정에서 민족이라는 개념이 싹트고 확산됐다고 한다. 많은 연구들이 민족의식이 타 존재와의 부정적인 접촉으로 일깨워진다는 것을 밝히고 있는 만큼, 조선에서도 마찬가지 상황이 전개된 것이다.

흥미로운 것은 이 과정에서 '한글'이 큰 역할을 담당했다는 점이다. 한글은 1443년에 창제되었지만, 조선의 지배층인 사대부들에게 환영받는 문자가 아니었다. 한글 창제로부터 150년 이상이 지난 임진전쟁 당시까지도 한글은 주류 문자가 아니었다. 정부는 한자를 공식적인 기록 수단으로 삼았으며 지배계급은 계속해서 한자를 사용하고 있었다. 백성들이 한자를 읽지 못한다는 사실은 문제가 되지 않았다. 그러나 전쟁으로 모든 상황이 바뀌었다. 전쟁이 진행되는 동안 백성들의 협력과 지지는 조선의 존속을 위해 아주 중요한 일이었기 때문에 백성들 사이에 쉽게 전파될 수 있는 소통 수단이 필요했고, 그것이 바로 한글이었다.

선조의 교서와 같은 공식 문서들이 한글로 작성된 것은 물론이고, 의병들도 한글로 된 호소문을 내걸어 민심을 사로잡고자 했다. 백성들이 쉽게 접근할 수 있다는 점 이외에도 한글이 가진 이점은 또 있었다. 한자가 한·중·일 3국이 공통으로 사용하는 문자였던 반면 한글은 조선만의 것이었기 때문에 한글로 작성된 문서는 자연스럽게 조선과 조선 아닌 것을 구분하는 기능을 수행했다. '조선인'이라는 민족 정체성의 안에 한글이 중요한 요소로 자리 잡게 된 것이다.

창제될 당시부터 큰 반대에 부딪혔고, 한자와 비교하여 2등 언어 취급을 받았으며, 비공식적인 언어, 여성의 언어로 무시받았던 한글이 전쟁을 거치면서 민족 정체성을 형성하는 근간이 됐다는 사실은 매우 인상 깊다. 1593년 한양으로 되돌아온 선조가 곧바로 "백성이 오래 왜적에게 함몰되어 있었으므로 왜어에 물들었을 수도 있었을 것"이라며 "왜어를 하는 자가 있다면 각기 동리 안에서 엄하게 규제하여 원수인 오랑캐의 말이 항간에 섞이지 않게 하라"는 교서를 내린 것은 결코 우연이 아니다.

『임진전쟁과 민족의 탄생』의 5장 「후유증: 몽유록과 기념문화」에 다다르면 더욱 흥미로운 이야기를 만날 수 있다. '몽유록'★은 꿈속에서 일어난 일을 다루는 형태의 소설을 말한다. 현재까지 전해지고 있는 몽유록은 열두 편 정도이며, 김시습의 단편집 『금오신화』나 김만중의 「구운몽」 등이 유명하다. 그런데 전쟁을 거친 조선 사회에서 새롭게 창작된 몽유록에는 「강도몽유록」, 「달천몽유록」, 「피생명몽록」이 있는데, 모두 전쟁에서 죽은 사람들이 등장하여 자기 이야기를 한다는 공통점이 있다. 유명한 장군도 있고, 높은 벼슬아치도 있지만, 전쟁에서 억울하게 죽어 간 이름 모를 백성

★ **몽유록** 주로 현실 세계의 주인공이 꿈을 통해서 다른 세계로 들어가 여러 경험을 한 후에 꿈에서 깨어나 다시 현실 세계로 되돌아오는 형식으로 구성된 이야기, 즉 꿈속에서 겪은 일을 소재로 한 이야기를 일컫는다. 모든 이야기가 결국 주인공이 총에 맞아 의식불명 상태일 때 꾼 꿈이었다는 결말로 많은 논란을 불러일으켰던 드라마 〈재벌집 막내아들〉이 드라마계의 몽유록이라고 볼 수 있을 것이다.

들도 등장한다.

> 여성들은 한 사람씩 관료들과 그들의 남편, 아들, 아버지와 시아버지의 비겁함, 부패, 위선을 폭로한다. 몇몇은 노비로 위장하여 달아났고, 일부는 싸우지 않고 항복했다. 가령 한 아들은 섬이 무너지기 전에 모친이 목숨을 버려야 한다고 주장했다. 그렇게 하면 조정에서 열녀문을 내려 줄 것이며, 그는 열녀의 아들로 특권을 누릴 수 있으리라는 것이다.

이 소설들은 죽어 시체가 되었으나 묻히지 못한 수많은 사망자들을 독자의 기억으로 소환한다. 김자현은 "그들이 고통받은 기억을 기억하는 모두를 하나로 모으고, 산 자의 슬픔은 민족적 기억"이 됐다고 평가한다.

더 깊이, 더 넓게 읽기

- KBS 〈임진왜란 1592〉 제작팀·양선비, 『**임진왜란 1592**』, 웅진지식하우스
- 노마 히데키, 『**한글의 탄생**』, 돌베개
- 김자현, 『**왕이라는 유산**』, 너머북스

우리는 인공지능과 잘 지낼 수 있을까

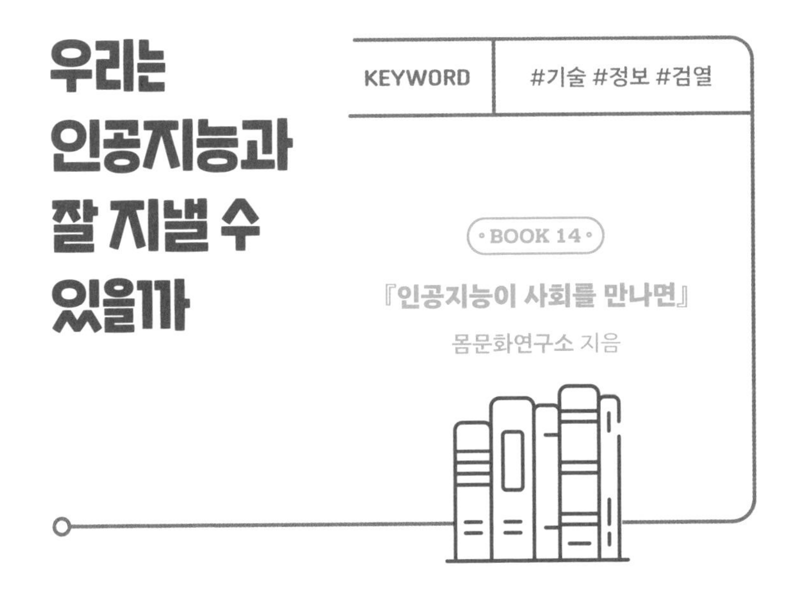

챗GPT가 우리에게 보여 주는 것

2022년 말, 챗GPT라는 요물이 등장했다. 질문만 넣으면 척척 답을 해 준다. 얼마 전에는 친구들과 독서 모임을 하기로 정한 책을 읽던 중 너무 지루해서, 혹시나 하는 마음으로 챗GPT에게 말을 걸어 보았다. "『○○○』이라는 책 내용 좀 요약해 줘. 함께 토론해 볼 만한 문제도 세 개 만들어 줘." 나의 요청을 접수한 녀석은 잠시 용을 쓰는 듯싶더니 놀라운 결과물을 내밀었다. 모니터 뒤에서 '쳇! 날 뭘로 보고 이런 쉬운 일을 시켜?' 하며 거드름을 피우고 있는 모습이 눈에 보이는 것 같았다.

챗GPT는 책의 전체 내용을 세 줄 정도로 요약하고, 각 챕터별로 중요 내용을 정리했으며, 모임에서 토론하기 딱 좋은 질문 세 개를 만들어 주었다. 그것도 순식간에! 인공지능이 정리해 준 내용을 길잡이 삼아 책을 읽으니 내용이 더 잘 이해되는 것 같았다. 예상보다 짧은 시간 내에 완독할 수 있었다.

물론 챗GPT를 무조건 믿으면 곤란하다. 챗GPT의 가장 큰 문제점은 모르는 것도 '모른다'라는 대답을 내놓지 않는다는 것이다. 한번은 4·19혁명에 대해 물어보았는데, 3·1운동과 5·18광주민주화운동까지 뒤섞인, 엉망진창인 대답을 한 적이 있다. 나는 학교에서 사회 과목을 가르치고 있기에 오류를 쉽게 알아차릴 수 있었지만, 이것저것 다 '오래전에 일어난 중요한 일' 정도로만 두루뭉술하게 알고 있는 중학생이었더라면 전부 맞는 말로 여길 수도 있을 만큼 천연덕스러운 답변이었다.

앞에서 훌륭한 정리 능력을 보여 줄 수 있었던 것도 그 책이 워낙 유명하기 때문이었다. 비교적 최근에 출간된, 별로 유명하지 않은 책을 주고 비슷한 작업을 요청했더니 눈 뜨고 볼 수 없는 결과물을 내놓았다. 인공지능은 유능하지만 만능은 아니다. 인공지능과 잘 지내려면 나부터 똑똑해질 필요가 있다. 이럴 때 『인공지능이 사회를 만나면』을 읽어 보면 좋다. 챗GPT의 활용법 같은 실용적인 기술을 배울 수는 없지만 그보다 더 중요한 것을 배울 수 있다. 바로 인공지능을 대하는 관점이다.

이렇게 수집된 나의 정보는 어디로 갈까?

몇 해 전 이태원 클럽을 중심으로 코로나19가 확산되자, 서울시가 휴대폰 GPS 신호를 바탕으로 해당 업소 부근에 30분 이상 머무른 5만 7,536명의 명단을 확보하고 조치를 취한 적이 있다. 그때 그곳에 있었던 사람들은 모두 서울시의 문자메시지를 받았다. 사태는 위급하고 클럽에 다녀간 사람들은 자신의 행적에 대해 함구하고 있으니 불가피한 조치였을 수도 있지만, 나는 그 상황이 코로나19보다 더 무서웠던 기억이 있다.

이 일을 통해 분명히 알게 된 사실은 누군가는 내가 무엇을 하고 다니는지 다 알고 있다는 점이다. 나도 제대로 기억하지 못하는 나의 행적을 더 정확하게 기억하는 누군가가 있다니! 조지 오웰의

『1984』에 등장하는 '빅브라더'가 이제는 소설 속 상상이 아니라 현실이 된 것일까?

이런 불안한 의문이 마음속에서 자라나고 있는 시점에 눈길을 끄는 책을 만났다. 저자는 '몸문화연구소'로, "문화와 권력, 기술, 규범, 의료 관계 속에서 현상하는 인간과 몸의 문제를 이론화하고 실천적인 대안을 제시"하고자 연구를 진행한다고 한다. 몸문화연구소가 이 책에서 주목하고 있는 것은 인공지능이다. '인공지능 로봇과 인간이 본격적으로 뒤섞여 살아가야 하는 21세기 사회'를 '인공지능 사회'라고 부르면서 인간들로만 구성된 사회와는 사뭇 다른 세상이 펼쳐질 것임을 이야기한다. 그 이야기가 『인공지능이 사회를 만나면』에 담겨 있다.

이 책은 열 개의 장으로 구성되어 있는데, 6장 「빅브라더? 리틀 브라더!」에는 중국의 사례가 등장한다. 현재 중국에서는 2,000만 대의 CCTV를 설치해 범죄자 추적 시스템을 구축하는 '톈왕天網' 프로젝트가 2015년부터 진행 중이라고 한다. CCTV에 찍힌 사람, 차량 등을 분석해 성별이나 연령, 차량의 종류 등에 대한 정보를 실시간으로 기록하고, 안면 인식 시스템까지 갖추고 있다.

중국 정부는 이러한 데이터 수집이 사회 안전망을 구축하고 범죄자 색출을 용이하게 하는 작업이라고 설명한다. 그러나 수많은 사람의 개인 정보가 무차별적으로 국가에 의해 수집되는데, 혹시

라도 이 데이터가 악용될 경우 무시무시한 일이 벌어질 것이다. 실제로 중국에서 CCTV가 특히 많은 지역 중 하나가 신장 위구르 자치구이며 이곳이 반정부 정서가 강하고 분쟁도 잦은 지역이라는 점을 감안한다면, 국가가 목표로 삼는다는 범죄 예방이 주로 어떤 방향에 초점을 맞추고 있는지 짐작할 수 있다.

인공지능은
자기 검열 장치가 없다

이것이 전부는 아닐 것이다. 인공지능 기술이 발전하고 보편화됨에 따라 예상되는 문제들은 수없이 많다. 이를테면 자율 주행 자동차의 알고리즘★을 설정하는 문제, 로봇이 사람의 일자리를 대체함으로써 발생하는 실업 문제 등이 대두되기 시작한다. 『인공지능이 사회를 만나면』은 현재 우리가 맞닥뜨리고 있는 문제부터 앞으로 풀어 나가야 할 과제까지 다양한 사안들을 제시하면서 독자를

★ **알고리즘** 어떤 문제를 해결하기 위한 절차, 방법을 말한다. 바그다드의 수학자이자 천문학자였던 알콰리즈미Al-Khwarizmi의 이름에서 유래된 말이라고 한다. 최근에는 사용자의 다양한 활동 패턴을 분석하여 그에게 적합한 맞춤형 콘텐츠를 제공하는 서비스와 관련하여 자주 사용되고 있는 용어다.

인공지능 세상으로 안내한다.

이 지점에서 중요해지는 것은 효율성과 공정성이 어떻게 조화를 이루는가 하는 문제이다. 얼핏 생각할 때 인공지능은 편견이 없고, 감정에 치우치지도 않기 때문에 인간에 비해 공정한 결정을 내릴 것 같다. 그러나 현실은 알고리즘도 차별을 할 수 있다는 사실을 보여 준다. 구글 이미지 검색을 해 보면, 회사 대표를 '백인 남성'에 편중해서 보여 주며, 심지어 흑인의 얼굴에는 자동으로 고릴라라는 태그가 달리기까지 한다. 개발자의 의도가 알고리즘에 그대로 반영되고, 빅데이터와 기계 학습을 통해 인공지능은 개발자의 의도를 더욱 공고히 하는 것이다. 인간과 달리 인공지능은 '양심'이라는 자기 검열 장치가 없다.

공정성이나 신뢰성 같은 추상적 개념은 알고리즘이 다룰 수 있는 영역이 아니다. 한번 시작한 일은 목표 달성까지 체계적으로 꾸준히 추구하기에, 우리가 의미하는 공정성과는 다른 의미의 공정함을 스스로 구현한다. 기계 학습을 통해 현실의 차별을 배운 알고리즘은 오히려 차별을 더 강화하고, 바람직하지 않은 방향으로 구체화하기도 한다. 요컨대 현재 차별이 존재한다면, 알고리즘은 빅데이터로부터 현재의 차별을 체계적으로 배운 후에 오히려 이를 공고히 하고 정당화할 수도 있다.

현실적으로 이런 우려들이 제기된다고 인공지능을 우리 삶에서 완전히 배제할 수는 없을 것이며 그럴 필요도 없다. 인공지능은 인간의 삶을 풍요롭게 해 주는 기능도 분명히 수행하고 있기 때문이다. 기술이 발전함에 따라 우리는 인공지능이 가져올 혜택을 더 많이 누릴 수 있을 것이다. 힘든 노동은 로봇이, 의미 있는 일은 인간이 하는 식으로 멋진 분업이 이루어질 세상을 예견하는 사람들도 많다.

우리가 해야 할 일은 인공지능에 관련된 문제를 몇몇 전문가들의 손에만 맡겨 놓지 않는 것이다. 인공지능이 효율성과 함께 공정성도 추구할 수 있도록, 인공지능 사회가 인간의 삶을 더 풍요롭게 만드는 방향으로 나아갈 수 있도록 모두가 계속해서 관심을 기울여야 할 것이다.

더 깊이, 더 넓게 읽기

- 반병현, 『**나보다 똑똑한 AI와 사는 법**』, 북트리거
- 강국진, 『**인공지능이 할 수 있는 것, 할 수 없는 것**』, 필로소픽
- 오승현, 『**인공지능 쫌 아는 10대**』, 풀빛

3부

경계를 넘다

높이 450미터가 넘는 거대한 비행 물체가 갑자기 지구에 착륙한다. 그 안에는 외계 생명체도 있다. 전 세계인들이 불안과 혼란에 휩싸인다. 이때 외계 생명체가 무언가 웅얼거리며 이야기를 하는데 그 말을 해석하기 위해 언어학자 루이스 뱅크스 박사가 파견된다. 낯선 존재와의 의사소통은 막막하기만 하고, 점점 오해가 쌓이면서 세상은 전쟁을 향해 나아가다가 마침내 소통이 성공하면서 전쟁을 막게 된다. 영화 〈컨택트〉의 이야기다.

소통이 되지 않아 갈등만 계속 쌓이다가 결국 파국으로 치달아 가는 것은 다른 행성에서 건너온 외계인과의 관계에서만 일어나는 상황이 결코 아니다. 현실의 지구 위에서는 오늘도 낯설다는 이유로, 나와는 다르다는 이유로 서로를 혐오하고 배척하고 차별하는 일들이 계속해서 벌어지고 있다.

하지만 〈컨택트〉를 비롯한 수많은 작품에서 볼 수 있듯이 외계 생명체와의 소통도 상상해 내는 것이 우리 인류 아닌가. 낯선 사람,

나와 다르게 생각하고 행동하는 사람과도 소통하고 연결될 방법이 언제나 있다. 영화의 주인공처럼 파국을 막고 지구를 구해 내는, 현실 속 영웅의 '슈퍼 파워'는 결국 존중과 환대의 태도가 아닐까?

장애와 비장애의 경계, 원주민과 이방인의 경계, 남성과 여성의 경계, 사람과 사람 사이의 소통과 이해를 막는 모든 경계들을 훌쩍 뛰어넘는 슈퍼 파워를 누구나 기를 수 있다. 예비 영웅들의 나아갈 길에 보탬이 될, 타인과 공동체를 위한 실천을 궁리하게 하는 책들을 3부에서 정리했으니 함께 읽어 보자.

『타인이라는 가능성』은 인류가 낯선 사람들에 대해 어떤 태도를 취해 왔는지를 탐구하는 책이다. 그런데 저자가 그 탐구를 연구실의 책상 앞에서가 아니라 세상 곳곳을 누비며 진행하고 있는 덕분에, 우리는 이 책을 마치 여행기처럼 읽어 나갈 수 있다. 낯선 사람을 경계하는 것은 인간의 본능에 새겨진 행동이라지만, 글쎄? 여기 나타난 낯선 사람은 도적일까, 손님일까?

『어른이 되면』은 생각이 많은 둘째 언니가 장애를 가진 동생과 함께 살아가는 이야기다. 장애인 시설에서 동생을 데리고 나와 세상 사람들과 섞여 살아 낸 400일의 기록이다. 이 책을 읽으면 나도 덩달아 생각이 많아진다. 이 둘째 언니는 어쩜 이렇게 생각이 깊지? 심지어 친구들까지도 너무 괜찮은 사람들이잖아?

『어른이 되면』이 장애인의 언니가 쓴 책이라면, 『실격당한 자들을 위한 변론』과 『사이보그가 되다』는 장애인 당사자들의 속 깊은 이야기들을 담고 있다. 이 책들을 통해 우리는 장애에 대해 많은 것을 알게 될 테지만, 결국은 장애·비장애를 뛰어넘어 모든 사람들의 삶에서 정말 중요한 것이 무엇인지를 깨닫게 될 것이다. 장애와 비장애 사이에는 우리가 생각하는 만큼 높은 경계가 존재하지 않는다는 것도.

어떤 드라마가 좀 유치하다 싶을 때, 흔히 '그거 결국 신데렐라 스토리 아니야?'라고 비웃는다. 하지만 오늘날 이미 유치하고 진부하게 여겨지는 그 이야기조차 여성들이 꿈꾸기 어려웠던 시절이 있었다면? 『신데렐라는 없었다』는 익숙한 표현 뒤에 숨겨진 새로운 깨달음으로 우리를 인도할 것이다.

『잔류 인구』는 앞서 이야기한 〈컨택트〉와 비슷한 주제를 다룬 SF 소설이다. 심지어 여기서는 언어학자도 필요 없다. 지구인과 외계 생명체는 자기들끼리 알아서 소통하고, 가르치고 배우고, 도움을 청하고 돕고, 우정을 나눈다. 이렇게 외계 생명체와도 우정을 나눌 수 있는데, 우주적 관점에서 보면 인간들끼리의 반목이란 하찮아도 너무 하찮은 것이 아닐까.

끝으로, 화면해설작가라는 직업이 궁금하다면 『눈에 선하게』를 읽어 보라. 세상에는 눈에 보이지 않는 것을 눈에 보이는 듯 그리는 사람들이 있다. 그런 사실을 알게 되는 것도 반갑지만, 이들이 일에 대해 보여 주는 진심은 더욱 반갑다. 자기 일에 마음까지 담아내는 사람들은 아름답다.

타인은 손님일까, 도적일까

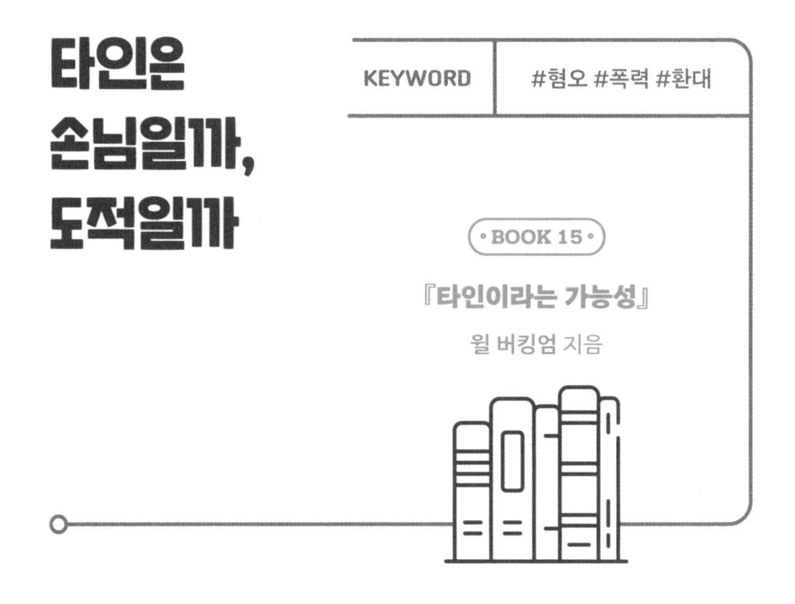

제노포비아는 절반의 진실일 뿐

아기들은 대체로 낯을 가린다. 아기를 보면 그 사랑스러움에 이끌려 안아 주고 싶은데, 그런 내 마음은 눈곱만큼도 알아주지 않는다. 처음 보는 낯선 사람은 아기에게 공포를 불러일으키는 것 같다. 안아 주고 싶어서 손을 내밀었으나 공연히 아기만 울리게 되어

머쓱해진 경험이 누구에게나 있을 듯싶다. 그런데 아기들은 왜 낯선 사람을 보면 울까?

'아주 오랜 옛날부터 낯선 사람은 두려움의 대상이었다. 외부인은 전염병을 퍼뜨리고, 음식과 피난처를 빼앗고, 목숨도 빼앗을 수 있기 때문에 강한 경계심이 우리의 유전자에 깊이 각인됐다.'라는 설명은 꽤나 설득력이 있다. 낯선 사람이 다가오면 울음을 터뜨리고 친숙한 양육자의 품으로 파고드는 아기의 행동을 볼 때, 그러한 공포와 경계심이 우리의 본능이 아닌가 생각하지 않을 수 없다. 그렇다면 '제노포비아xenophobia'★로 인해 벌어지는 혐오 행동, 폭력, 심지어 학살 등은 모두 인간의 본능이란 말인가? 정말 우리는 이성과 의지로 그 사악한 본능을 제어하며 위태로운 평화를 유지할 뿐인 존재인가?

낯선 사람에 대한 공포를 의미하는 제노포비아는 매우 잘 알려진 단어다. 제노포비아의 핵심은 그 대상이 되는 낯선 사람이 '무언가 잘못을 해서' 발생하는 현상이 아니라는 점이다. 그냥 그의 존재 자체가 문제다. 낯설어서 이상하다. 그래서 혐오스럽고, 두려

★ **제노포비아** 사람들은 다양한 이유를 들어 가며 낯선 사람을 혐오하고 증오하는 경향이 있는데 이를 제노포비아라고 한다. 그리스어로 '낯선 사람'을 뜻하는 '제노스xenos'와 '공포'를 뜻하는 '포보스phobos'를 합쳐 만든 말이다. 2016년 미국 온라인 영어 사전 사이트인 딕셔너리닷컴이 제노포비아를 '올해의 단어'로 선정하기도 했다.

움을 불러일으킨다.

『타인이라는 가능성』에서 저자 윌 버킹엄 역시 "증오나 적의로 굳어지기 전에, 제노포비아는 알 수 없음과 이에 따른 위험이 불러일으키는 합당한 불안에서 비롯"되는 것이고 "자신의 연약함과 취약함, 세상의 무자비함을 떠올"려 본다면 능히 받아들일 수 있는 측면이라며 이야기를 시작한다.

하지만 제노포비아는 절반의 진실일 뿐이다. 낯선 사람은 우리에게 두려움을 야기하지만 동시에 흥미도 불러일으킨다. 그에게서 우리는 새로운 가능성을 본다. 낯선 존재에 대한 두려움을 억누르고 닫힌 문을 열 때 우리는 짜릿한 흥분을 느낀다. 손을 내밀어 미지의 존재와 연결되고자 하는 것도 인간의 본능인 것이다. 낯선 사람과 우호적인 관계를 맺고 연결되고자 하는 이런 욕망을 고대 그리스인들은 '필로제니아philoxenia'라고 불렀다.

모든 새로운 만남과 관계에는 호기심과 두려움, 즉 필로제니아와 제노포비아가 복잡하게 얽혀 있다. 영단어 hospitality(환대)와 hostility(적의)는 같은 어근에서 유래했는데, 서로 반대되는 말의 뿌리가 같다는 사실은 '뜨거운 아이스 아메리카노'만큼이나 이상하지 않은가? 하지만 곰곰 생각해 보면 이것이야말로 낯선 존재와 만날 때 우리 마음에서 벌어지는 일을 잘 설명해 준다. 낯선 존재는 언제나 불확실성을 안고 온다. 이들은 가능성일까, 위협일까?

낯선 이는
변장한 천사일지 모르니

앞서 아기의 낯가림에 대해 이야기하며 제노포비아가 인간의 본능일지도 모른다는 우울한 이야기를 했는데, 윌 버킹엄은 그에 관하여 보다 정밀한 분석을 내놓는다. 아기가 모르는 사람을 전부 똑같이 대하지 않는다는 것이다. 주변 사람들이 아무도 겁먹지 않는다면 아기도 겁먹지 않을 확률이 높고, 덩치가 큰 성인 남성 앞에서는 겁을 먹지만 성인 여성은 덜 두려워한다. 낯선 사람이 어른이 아니라 자기와 같은 어린아이라면 금방 친구가 되기도 한다. 제노포비아와 필로제니아는 이처럼 뒤섞여 있다.

본래 인간은 떠도는 존재였다. 호모사피엔스는 6만 년 전부터 아프리카에서부터 이주를 시작해 결국 지구의 모든 대륙에 자리를 잡았다. 기후변화 때문에, 살아남기 위해서, 더 나은 삶을 찾아서, 때로는 순수한 호기심 때문에 인류는 길을 떠났다. 우리는 그렇게 길을 떠난 이들의 후손이다. 낯선 사람들은 때로는 가능성, 때로는 위협이었을 것이고 이 아슬아슬한 만남을 수천수만 번 반복하면서 인류는 낯선 이를 맞이하는 방법에 대한 지혜를 축적했을 것이다.

『신약성경』에서는 '낯선 이들이 변장한 천사일지도 모르니 필로제니아를 잊지 말라'고 촉구하고 있으며, 『구약성경』에는 '이방인을 학대하거나 억압하지 말라. 너희도 이집트 땅에서 이방인이었다.'라는 교훈이 담겨 있다. 『시경』에는 '손님이 행운을 가져다주며 축복을 남기고 떠나므로 잘 대접해야 한다'는 내용의 한시가 실려 있다. 그리스신화에는 거듭된 문전박대에 지친 두 여행자를 맞이하고 극진하게 대접한, 가난한 노부부의 이야기가 나온다. 사실 두 여행자는 변장한 제우스와 헤르메스였고, 부부는 신들의 아낌없는 축복을 받는다.

필로제니아가 오래된 문헌에만 담겨 있는 이야기는 아닐 것이다. 길고 긴 팬데믹을 통과하면서 우리는 다른 이들과의 만남을 자제하고 집에 손님을 초대하는 일을 금기시하는 시간을 보냈다. 그렇기에 더욱 필로제니아에 대해 곰곰이 생각해 볼 필요가 있다.

팬데믹은 언제나처럼 왔다가 지나간다. 어쩔 수 없이 문을 걸어 잠가야 하는 지금이야말로 삶을 축소하려는 유혹에 저항하고 이방인이 가져다줄 수 있는 미래를 상기해야 한다. 우리가 서로에게 갖는 이 생명 존재로서의 필요를 잘 지킬 수만 있다면 폭풍이 지나갔을 때 문을 활짝 열고 다시 연결되고, 서로를 껴안고, 살 가치가 있는 세상을 만들어 나갈 수 있을 것이기 때문이다.

나에게도 떠오르는 기억이 있다. 아주 오래전 중국의 내몽골 지역을 여행할 때의 일이다. 내몽골은 건조지역이라 인구밀도가 매우 낮다. 아주 작은 마을과 마을 사이에 광활하고 막막한 초원이 펼쳐져 있을 뿐이다. 여행자를 위해 조성된 마을에 짐을 푼 우리 일행은 조심스럽게 동네를 산책하기 시작했다. 초원을 가로질러 한참을 걸어간 곳에 작은 마을이 있었다. 우리는 동네에서 놀고 있던 어린아이들을 제일 먼저 마주쳤다. 아이들은 우리를 둘러싸고 눈을 반짝이며 말을 걸어왔지만, 말이 통하지 않으니 속수무책이었다. 그사이에 동네 어르신들이 나타났다. 난처한 표정으로 엉거주춤하게 서 있는 우리를 한참 쳐다보더니 자기들끼리 무언가 의논을 하더니 놀라운 일이 벌어졌다. 그중 한 집으로 초대를 받은 것이다.

작고 어두운 집으로 이끌려 간 우리 앞에 소박한 상이 차려졌다. 약간의 음식과 술을 사이에 두고 우리는 꽤 오랜 시간을 그 집에 머물며 대화를 나누었다. 어찌어찌 자리를 파하고 숙소로 돌아와 생각하니 조금 전에 일어난 모든 일이 꿈만 같았다. 그들은 무슨 이유로 처음 보는 낯선 우리를 '변장한 천사'를 대하듯 자기 집으로 들이고, 없는 형편에도 정성껏 환대를 해 주었을까? 우리는 어쩌자고 두려움도 없이 먼 이국에서 낯선 이의 집으로 걸어 들어가 주는 대로 먹을 수 있었을까? 이 책을 읽으며 오랜 궁금증이 풀린다. 우리가 경험한 것은 필로제니아였던 것이다.

『타인이라는 가능성』은 저자의 흥미진진한 경험담을 따라가다 보면 마치 여행기처럼 술술 읽히는 책이다. 지구 곳곳의 사람들이 낯선 존재인 저자를 다양한 방법으로 환대하는 이야기를 읽고 있노라면 슬그머니 입꼬리가 올라간다. 제노포비아가 판을 치는 세상 같지만, 세상은 여전히 낯선 이에게 자기 집 문을 여는 이들로 가득 차 있다.

더 깊이, 더 넓게 읽기

- 김현경, 『**사람, 장소, 환대**』, 문학과지성사
- 김승섭, 『**타인의 고통에 응답하는 공부**』, 동아시아
- 조 코헤인, 『**낯선 사람에게 말을 걸면**』, 어크로스

동생은 무사히 어른이 될 수 있을까

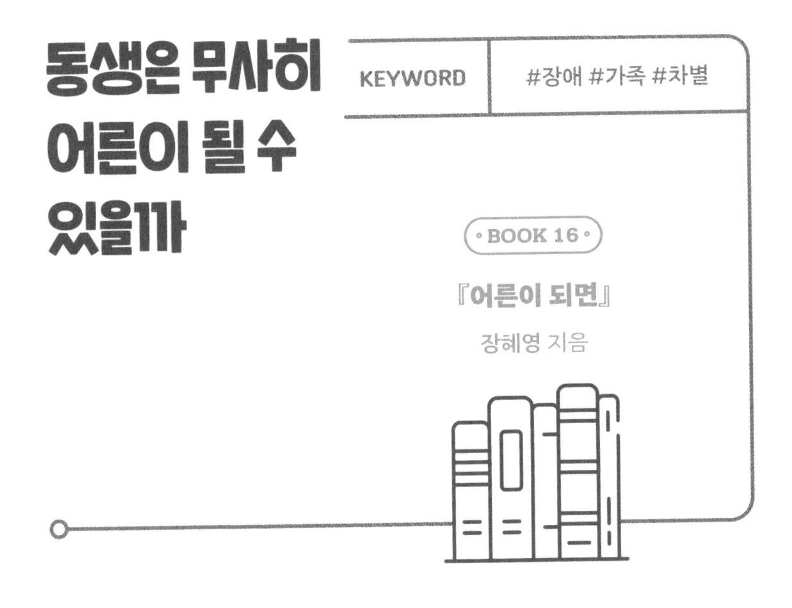

너는 이제부터 가족과 떨어져서 평생 따로 살아야 해

만약 당신이 막 열세 살이 되었는데 누군가가 당신에게 와서 이런 얘기를 한다면 어떤 심정일까? "너는 이제 가족들과 떨어져서 한 번도 가본 적 없는 외딴곳에서 낯선 사람들과 평생 살아야 해. 이게 가족들의 생각이고, 너에게 거절할 권리는 없어." 게다가 그렇게 살아야 하는 이유가 내가 다른 사람들에 비해 무능하기 때문이라고 한다면?

'가족들 생각이 그렇다면 그렇게 해야지' 하며 순순히 받아들일 수 있겠는가? 왜 나의 운명을, 나의 미래를 그런 식으로 결정하느냐고, 왜 나의 의견을 묻지 않느냐고 거세게 반발하는 것이 오히려 자연스러운 반응일 것이다.

누가 들어도 말이 되지 않는 일이 어떤 사람에게는 말이 되는 일이 되기도 한다. 만약 당신이 중증 장애를 가지고 있고, 가족들은 당신을 돌보는 것이 힘에 부치고 장애인 시설에서 생활하는 것이 당신의 안전을 위해서도 더 좋으리라는 판단을 내렸다면 그런 일은 현실이 된다.

『어른이 되면』은 걱정 많은 둘째 언니 장혜영과 발달장애 동생 장혜정이 시설을 나와 세상 사람들과 섞여서 살아 낸 400일의 기록을 담고 있는 책이다. '걱정 많은 둘째 언니'는 장혜영이 동생과의 생활을 담담하게 영상으로 기록하여 올리는 유튜브 채널의 이름이기도 했다(현재는 '이웃집 국회의원'으로 바뀌었다).

『어른이 되면』의 저자 장혜영의 동생은 발달장애를 가지고 있다는 이유로 열세 살부터 가족과 격리되어 장애인 시설에서 18년을 살았다. 장애인 동생을 돌보는 일이 부담스럽기도 하고 원망스럽기도 했지만 착하고 책임감 강한 둘째 언니였던 장혜영은 동생의 빈자리를 견디는 일이 너무 힘들었다. 그래서 성인이 된 뒤에 동생을 시설에서 데리고 나와★ 함께 살기 시작했다.

둘째 언니는 생각한다. 이 사회가 사람을 장애가 있다는 이유만으로, 그의 의지와 무관하게 '합법적으로' 추방해 버리는 지금의 상황에 문제가 있다고. 2016년 기준으로 장애인 시설에서 생활하고 있는 장애인의 숫자는 3만 980명이라고 한다. 그 가운데 시설에서의 삶을 스스로 기꺼이 선택한 이는 몇이나 될까?

당신의 머릿속에 곧바로 반론이 피어날 수도 있다. 중증 장애를 가진 이들이 제대로 된 선택이나 판단을 할 수 있겠느냐는 의문을 갖거나, 또는 혼자 힘으로 살아갈 수 없으니 시설에서 살아가는 것이 오히려 그들에게도 편하리라는 생각을 할 수도 있을 것이다. 하지만 다시 한번 생각해 보자. 한 사람의 사고력이나 자립 능력이 어느 정도여야 스스로의 삶을 결정할 수 있다고 인정받을 수 있는 것일까?

★ **탈시설** 장애인 시설에 거주하는 장애인이 시설 밖으로 나와 지역사회에 어울려 사는 것, 혹은 장애인 당사자의 주거, 치료, 훈련, 교육 및 재활을 위하여 지역사회 내에서 적절한 대안을 마련하거나 발달시키는 과정이다. 이 문제에 대해서는 찬성과 반대 의견이 격렬하게 부딪히고 있지만, 돌봄을 가족에게만 맡기지 않고 국가가 책임을 지는 방향으로 나아가야 한다는 점에서는 의견이 하나로 모이고 있다.

모든 사람은 자신이 태어난 곳에서 다른 사람들과 자연스럽게 어울리며 살아갈 권리가 있다. 장애를 가졌다는 이유만으로 자신이 타고난 환경으로부터 인위적으로 격리되어 타인이 규정해 주는 삶의 테두리 안에서만 살아야 하는 것은 너무 부당하다.

누구에게나 지켜야 할 자기 세계가 있다

시설을 벗어나 둘만의 길을 나선 자매의 삶은 순탄하지 않다. 일단 정부의 지원을 얻어 내는 일부터 난관이 펼쳐진다. 장애인으로 정부의 지원을 받으려면 그 장애인이 '얼마나 무능한가'를 심사받아야 하는데 그 심사 과정은 친절하지만 지극히 관료적이어서 언니는 마음이 상한다. 부모의 이혼 사유처럼 물어볼 이유가 없는 질문도 불편하고, 전기밥솥을 사용할 수 있는지를 묻는 것도 황당하다.

비장애인 성인 중에서도 밥을 지을 줄 모르거나 세탁기를 사용할 줄 모르는 사람이 있지만 그것으로 그 사람의 '무능'을 판단하지는 않는다. 비장애인에게는 한 번도 적용되지 않는 잣대로 장애인의 유능과 무능을 가르는 것은 부당하다.

저자는 동생을 무조건 무능한 존재로 전제하여 자신에게만 말을 거는 직원을 상대하면서 생각한다. 서른이 넘은 성인 여성을 대하는 방식으로 인사하고 말을 건네는 정도의 예의를 장애인에게도 지켜 주었으면 한다고. 그리고 인지능력이나 일상생활 척도에 대해 기계적인 질문을 던지기보다는 하나를 통해 여러 가지를 유추할 수 있는 질문으로 상황을 총체적으로 이해하려 노력해 주기를 바란다.

단지 지원 수준을 결정하는 심사 과정에 한정되는 바람은 아닐 것이다. 이것은 장애인과 비장애인이 더불어 살아가기 위해서 우리 사회의 구성원 모두가 갖추어야 할 태도다. 누구에게나 지켜져야 할 자기 세계라는 것이 있고, 존중받아야 할 개성이라는 것이 있다. 그 '누구에게나'라는 말에 비장애인뿐만 아니라 장애인도 당연히 포함되어야 한다.

자매는 계속 새로운 도전을 한다. 동생은 음악을 배우고, 야학에 다닌다. 언니는 동생과의 일상을 유튜브에 올린다. 둘이 함께 여행도 간다. 세상의 모든 자매들이 그렇듯 서로 다투기도 하고 삐지기도 하고 다시 화해하는 일상을 살아간다. 그렇게 『어른이 되면』은 장애를 가진 사람도 비장애인과 똑같은 사람이고, 비장애인에게 허용된 것이라면 장애인에게도 허용되어야 한다고 말한다. 소리 높여 웅변하지 않는데도 이 자매의 일상을 따라가다 보면 자연스럽게 수긍하게 된다. 환경재단이 선정한 '2017 세상을 밝게 만든 사람들' 시상식에서 상을 받은 저자는 아래와 같은 소감을 밝힌다.

> 이 상을 받아야 될 사람은 사실 여기 서 있는 제가 아니고 아까 저한테 꽃다발을 줬던 제 동생이라고 생각합니다. (…) 하지만 한편으로 왜 이 상을 제 이름으로 주시는지 생각을 해 봤는데, 그것은 아마도 제 동생이 살아가기 위한 가장 가까운 환경으로서의 존재가 저이기 때문에 그러한 좋은 환경이 되어 주라는 의미, 그리고 어떠한 환경이 필요한지 앞으로 열심히 탐험해 나가라는 의미에서 이 상을 제 이름으로 주신다고 생각합니다. 같은 사회를 살아가는 사람의 인간적인 삶 없이 우리에게도 인간적인 삶은 없다고 생각합니다.

언니의 수상 소감만으로도 이 책이 하는 말은 충분히 전달되리라 생각하지만 그래도 덧붙이고 싶은 말이 있다. 장혜영은 동생과의 새로운 삶을 시작하면서 친구들로부터 많은 도움을 받는다. 친구들은 기꺼이 이들 자매를 위해 시간을 낸다. 사람은 혼자서 살아갈 수 없다. 서로 돕는 것은 인류의 오래된 생존 방식이다.

더 깊이, 더 넓게 읽기

- 엘리자베스 문, 『**어둠의 속도**』, 푸른숲
- 공지영, 『**도가니**』, 창비
- 김초엽, 「**순례자들은 왜 돌아오지 않는가**」, 『**우리가 빛의 속도로 갈 수 없다면**』, 허블

태어나지 않는 것이 좋았을 삶도 있을까

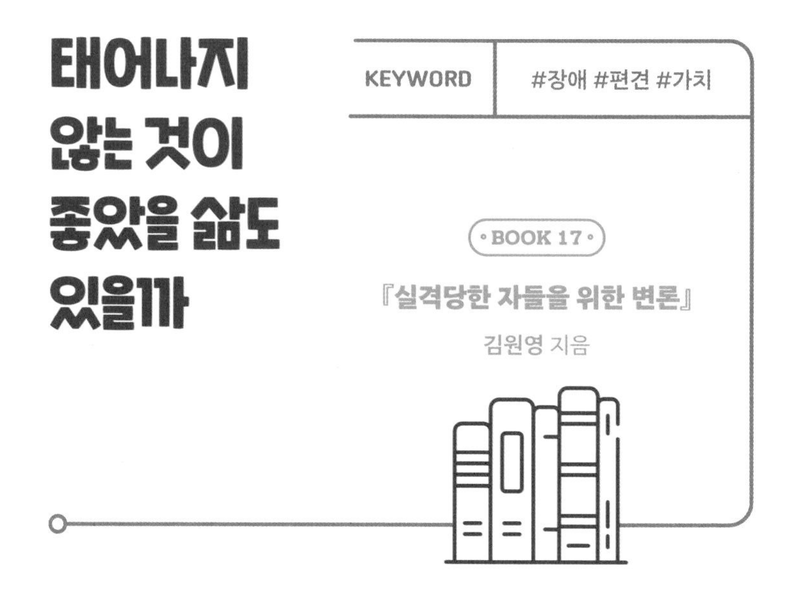

잘된 삶과 잘못된 삶이 따로 있을까?

'잘못된 삶' 소송이라는 것이 있다. 중증 장애를 안고 태어난 아이가, 자신이 세상에 태어나지 않는 것이 더 좋았을 것이라고 주장하며 산부인과 의사에게 손해배상을 청구하는 민사소송의 한 유형이다. 이 재판에서 소송을 제기하는 원고는 장애를 가진 아이이다.

보통은 아이가 직접 소송을 제기하지는 못하고, 부모가 아이를 대리하여 소를 제기한다.

『실격당한 자들을 위한 변론』에서 저자 김원영은 이런 기이한 소송으로 이야기를 시작한다. 태어난 것 자체가 잘못이고 손해라는 생각은 과연 합당한 것일까? 어떤 생명은 축복 속에 살아갈 가치가 있고 어떤 생명은 태어나지 않는 편이 낫다고 가를 수 있는 걸까? 잘못된 삶 소송은 장애를 가지고 태어난 사람에게 국한되는 예지만, 생각을 조금만 펼쳐 보면 가치를 부정당하는 생명은 다양하게 존재한다.

비교적 최근까지도 우리나라는 출생아의 성비가 지극히 불균형한 나라 중 하나였다. 여자아이는 태어날 기회조차 얻지 못했다. 아들을 원하는 사회에서 딸은 태어날 가치조차 없는 존재였던 것이다. 남들보다 능력이 뒤처지는 경우는 어떨까? 외모가 뒤떨어진다면(저자는 '매력 자원이 크게 부족한 경우'라는 표현을 사용했다)? 이런 사람들은 일상에서 많은 불편을 겪으며 타인의 혐오나 배제를 겪기도 한다. 그런 의미에서 이들을 사회에서 '실격당한 자'라고 표현할 수도 있을 것이다.

우리는 히틀러처럼 우생학을 내세워 누군가를 학살하지는 않지만 장애나 질병, 다른 성적 지향이나 성 정체성을 가진 아이를 낳아야 하는

상황이 온다면 아마도 망설일 것이다. 이 모든 일상의 태도, 관념, 지향, 제도와 '법규'범이 '잘된 삶'과 '잘못된 삶'을 가른다. 품격 있는 아파트의 주민과 격 떨어지는 아파트의 주민, 일반 학교의 학생과 '장애인 학교'의 학생을 구별 짓는다.

어떤 삶이 잘못됐다고 평가를 내리는 것은 대단히 위험한 일이다. 대다수 사람들이 '잘못된 면'을 가지고 있다는 점을 생각하면 문제의 심각성에 동의할 수 있을 것이다. 오늘은 내가 누군가를 실격시키지만, 내일은 내가 실격당하는 존재가 될 수도 있다. 그와 같은 평가는 사회가 정한 '표준'에 미치지 못하는 수많은 존재들을 걸러 내는 근거가 될 것이다. 그러니 이 책과 같은 주제를 다룰 때 그것이 반드시 장애인의 이야기일 필요는 없다. 여성, 소수 인종, 병약한 사람, 성적 소수자, 가난한 사람, 못생긴 사람, 키 작은 사람, 뚱뚱한 사람 등 어떤 이라도 '실격당한 삶'에 대해 이야기할 수 있다.

저자 김원영은 실격당한 여러 존재들의 대표 격으로 장애인의 삶을 조명한다. 장애인에 주목하는 까닭은 스스로가 골형성부전증으로 지체 장애 1급 판정을 받은 장애인이기 때문이다. 서울대학교 로스쿨을 졸업하고 변호사로 활동하고 있는 자신의 이야기를 '장애를 성공적으로 극복한 감동 스토리'로 끌고 갈 수도 있었을 것이다. 그런 방향으로 이야기를 구성했다면 책은 더 많이 팔렸을 지도 모른다.

하지만 그는 이런 관점을 단호히 거부한다. 장애인이 '불굴의 의지'를 발휘하여 장애를 극복한 경우에만 칭송을 보내는 것은 올바르지 않다고 생각하기 때문이다. 그와 같은 맥락에서, 호주에 거주 중인 장애인이자 동기부여 전문가로 유명한 닉 부이치치를 언급하며 저자는 이렇게 말한다.

> **아무리 낙관적이고 강인한 정신을 가진 이라도 횡단보도를 건널 수 없고, 화장실에 가지 못한다면 삶에 '동기부여'를 하기란 불가능하다. 하루 종일 오줌을 참으면서 희망을 가질 수는 없다. 오줌을 참을 때 필요한 건 희망이 아니라 화장실이다.**

모든 삶은 존중받을 가치가 있다

그는 모든 삶은 존중받을 가치가 있다고 주장한다. 존중이란 존경이나 숭배와는 다른 말이다. 존중한다는 것은 개별자로서 그 사람의 존재를 승인하고 대우한다는 의미다. 표도르 도스토옙스키의 소설 속 주인공들은 극도로 지질하다. 그러나 작가는 현실감 넘치는 배경과 치열한 심리묘사를 통해 그들을 실제로 살아 있는 사람보다도 더 생생하게 창조했다. 그래서 우리는 주인공이 악인이고 미치광이고 혐오스러운 행동을 하고 있더라도 그를 생동감 넘치는 존재로 인식할 수 있다. 우리가 상대방을 존중한다는 것은 이런 의미이다. 한 사람을 장애나 성별, 성적 지향이 아니라 그 사람 자체로 보는 것이다. 나와 마주한, 나와 같은 세상에서 살아가고 있는 그가 최선을 다해 자기 이야기를 써 가는 '삶의 저자'임을 알아보고 인정하는 것이다.

삶의 저자로 살아간다는 것은 자아의 고유성을 갖는다는 것, 자아에 스타일을 부여한다는 것이다. 자아에 스타일을 부여하는 것은 스스로를 '○○이 없음', '○○이 아님'이 아니라 '○○임'의 개념으로 규정할 때 가능한 일이다. 그 대표적인 예로 미혼이라는 용어는 '결혼의 결핍'을 의미하는 반면, 비혼은 적극적으로 규정한 삶의 스타일이라고 할 수 있다. 같은 맥락에서 청각장애인이라는 표현은 '듣는 능력이 결여'된 사람을 의미하지만, 농인이라는 표현의 '농'은 고유의 언어와 행동 양식 등에 바탕한 농문화를 전제로 한다. 청력이 없는 상태를 결핍의 상태로 보는 것이 아니라, 사람을 구성하는 하나의 특성으로 바라보고 그들의 문화를 다양성의 차원에서 이해하고 존중하는 것이다.

'매드 프라이드Mad Pride 운동'★은 많은 이들에게 낯선 단어일 것이다. 이것은 정신장애가 비정상적인 상태라는 세간의 편견에 맞서는 정체성 운동이다. 현대 의학이 정신장애 혹은 정신 질환이라고 규정하는 상태를 겪은 수많은 사상가, 예술가, 작가들을 생각해보라. 수학자 존 내시도, 화가 빈센트 반 고흐도 그런 사람이었다. 적절한 사회적 지원, 편견 없는 문화적 태도 등이 뒷받침된다면 정신장애 역시 그들을 구성하는 하나의 인간적 특성으로 볼 수 있다. 이렇게 하나하나 짚어 나가다 보면 세상 그 누구도 이 사회에서 실격당할 이유는 없으며 '잘못된 삶'이란 존재하지 않는다는 것을 깨닫게 된다.

실격당한 자들을 위한 김원영의 아름답고 감동적인 변론에는 특히 인상 깊은 일화가 나온다. 유년 시절, 모여서 놀던 아이들이 더위에 지쳐 계곡에 물놀이를 가기로 했다. 저자는 빨리 친구들에게 가라고, 자기는 낮잠을 자야겠다고 태연한 척 말한다. 이때 한 친구가 대꾸한다. "난 안 가. 피부 관리해야 해." 저자의 설득에 그

★ **매드 프라이드 운동** 정신 질환에 대한 사회적 편견을 타파하고 새로운 긍정적 정체성을 확립하자는 취지의 사회운동을 말한다. 매드 프라이드는 전 세계에서 7월 14일에 열리는데 이는 프랑스의 국경일인 혁명 기념일(바스티유 데이Bastille Day)과 겹치는 날이다. 1789년 7월 14일, 시민들이 바스티유 감옥 문을 연 것으로 프랑스혁명이 시작되었는데 이때 자유를 되찾은 사람들 가운데에는 미쳤다는 이유만으로 감옥에 갇혀야 했던 사람들이 있었다.

친구도 결국엔 물놀이 대열에 합류하기로 하지만, 그러기 전에 집에 들렀다가 저자에게 다시 돌아와 만화책을 던져 준다. 각자 진실을 알고 있었지만 상대방의 마음을 헤아리고 그에 맞춰 반응한 것이다. 어느 여름날 연극처럼 펼쳐진 이 아름다운 이야기를 저자는 '존엄을 구성하는 퍼포먼스'라고 표현한다. 일상에서 상대방을 존중하고 화답하는 것, 그것이 존엄을 구성하는 퍼포먼스다.

더 깊이, 더 넓게 읽기

- 모하메드 아부엘레일 라셰드, 『**미쳤다는 것은 정체성이 될 수 있을까?**』, 오월의봄
- 김원영, 『**우리의 클라이밍**』, 위즈덤하우스
- 백정연, 『**장애인과 함께 사는 법**』, 유유

안전한 삶이 좋은 삶일까

KEYWORD #유니버설디자인 #편리 #환경

BOOK 18

『사이보그가 되다』

김초엽·김원영 지음

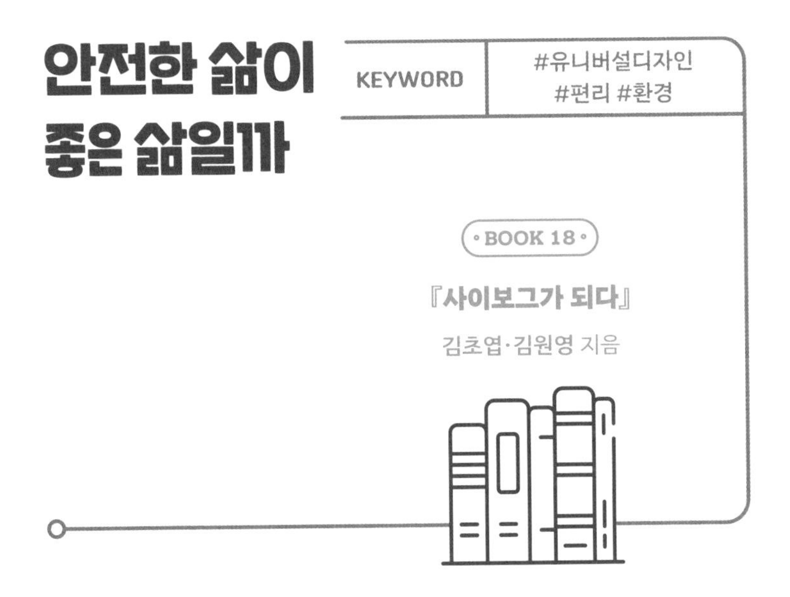

이건 빨대 이야기이지만 빨대만의 이야기는 아니다

2015년 코스타리카 연안에서 한쪽 코에 흰색 물체가 박힌 채 구조된 거북이 영상이 화제가 됐다. 거북이가 눈물을 흘리며 숨쉬기조차 힘들어하게 만든 물체의 정체는 빨대였다. 그 영상에 많은 사람들이 경악하고 각성하는 한편, 플라스틱 빨대를 거부하는 운동이 펼쳐졌다. 2018년 우리나라의 모든 스타벅스 매장이 플라스틱 빨대 대신 종이 빨대를 제공하기 시작했고, 지금은 많은 카페에서 종이 빨대와 같은 친환경 빨대를 제공하는 추세다. 여기까지가 우리가 잘 알고 있는 이야기다. 흐뭇한 이야기이기도 하고.

『사이보그가 되다』에도 빨대 이야기가 나오는데 접근 방식이 다르다. 저자 김초엽은 "세상에는 빨대가 딸려 있는 팩 음료만 마실 수 있는 컨디션을 가진 장애인이나 노약자 분들과 그 보호자들이 분명 존재하기 때문에 모든 사람들이 음료 마시는 데 문제없는 성인인 것은 아님"이라는 트윗을 소개하며 이야기를 시작한다. 우리에게 친숙한 '주름 빨대'는 처음부터 환자들을 위해 개발된 제품이다. 신체를 움직이기 어려운 사람들이 타인의 도움 없이 음료를 마실 수 있도록 도와주는 훌륭한 발명품이다. 그래서 일회용 빨대 제공을 금지하고 있는 북미의 도시들에서도 장애인에게 제공하는 빨대에 대해서는 예외 조항을 둔다.

이에 대해 사람들은 "빨대가 필요한 장애인들이 친환경적인 생분해성 빨대를 직접 가져와야 한다"는 반응을 보이기도 한다. 하지만 『사이보그가 되다』에 따르면 빨대를 반드시 사용해야 하는 장애인이나 노약자에게 그와 같이 추가적인 행동을 요구하는 것은 차별이 될 수 있다. 게다가 움직임이 자유롭지 않은 사람에게는 이 추가적인 한 단계가 큰 난관이다. 문제는 또 있다. 친환경 빨대는 플라스틱 빨대처럼 부드럽게 휘어지지 않아 불편하고, 뜨거운 음료에 닿으면 쉽게 흐물흐물해진다는 점이다. 이 또한 비장애인들에게는 별것 아닌 문제일 수 있지만, 어떤 사람에게는 큰 어려움이다. 코로나19 팬데믹 이후 일회용품 소비가 늘고 이에 대한 근심도 깊어 가고 있는 지금으로서는 적절한 해법을 찾기가 특히 어려운 문제다. 하지만 그럼에도 우리가 모두 함께 더 좋은 길을 고민해 가야 한다는 사실은 변함없다. 누군가는 '어떻게 이런저런 경우를 일일이 따지며 살아가느냐'고 항변할 수도 있겠지만, 이것은 빨대에 국한된 이야기가 아니다.

모두를 위한 설계가 항상 좋은 것만은 아니다

장애 접근성을 고려한 건축이나 산업디자인을 이야기할 때 많이 등장하는 개념이 '유니버설 디자인universal design'★이다. '모두를 위

★ **유니버설 디자인** '보편적 디자인'이라는 뜻으로 성별, 나이, 장애, 언어 등으로 인한 제약을 없애거나 최소화하는 디자인을 말한다. 미국, 대만, 일본에서 사용하는 표현이며 북유럽에서는 '모두를 위한 디자인design for all', 영국에서는 '인클루시브 디자인inclusive design'이라고 부른다

한 설계'라고도 불리는 개념인데, 건축물이나 제품, 서비스를 만들 때 이용자가 성별, 나이, 장애 여부 등에 따라 제약을 받지 않게 설계하는 방식을 말한다.

그 연장선에 '주류화'라는 개념도 있다. 장애인을 위해 고안된 기술들이 시간이 흐르면서 사회에 널리 퍼져 주류가 되는 현상이다. 앞에서 등장한 빨대는 환자를 위한 제품이었지만 곧 모든 사람을 위한 제품이 됐다. 주류화의 대표 사례라고 할 만하다. LP 레코드는 시각장애인에게 책을 읽어 주는 목적으로 개발되었고, 휴대전화의 문자메시지는 청각장애인의 장거리 연락을 위해 고안됐다. 음성인식, 스크린 키보드, 단어 자동 완성 등도 장애인 사용자를 위해 개발되었지만 그 편의성 덕분에 주류화의 길을 걸었다.

이런 사례는 물론 좋은 일이지만, 그렇다고 모두를 위한 설계나 주류화가 무조건 긍정적인 결과를 가져오는 것은 아니다. 예를 들면 '모든 사람'을 위해 설계된 경사로는 유아차를 밀거나 캐리어 가방을 끄는 사람에게는 유용하지만, 정작 수동 휠체어 이용자에게는 너무 가파르고 좁게 설계되기도 한다. 또 한편으로 장애인에게 좋은 설계가 비장애인에게도 유용하다는 점을 강조하다 보면 '장애인에게만 유용한 디자인은 모두를 위한 설계보다는 덜 중요하다'는 인식을 낳게 될 우려도 있다.

빨대 하나로부터 확장되고 심화되는 이야기에서 눈치챘을 것이다. 『사이보그가 되다』는 편안하게 읽을 수 있는 책이 아니다. 독자들은 읽는 내내 깜짝 놀라고, 스스로를 돌아보고, 익숙하기에 그냥 지나쳤던 장소나 사물들을 낯설게 보는 경험을 하게 된다.

사이렌 오더의 편리함에는 만남이 없다

이 책에 등장하는 또 다른 이야기를 보자. '사이렌 오더'라는 것이 있다. 스타벅스가 자사 앱에서 제공하는 기능으로, 이를 통해 카페 직원을 대면하지 않고도 원격으로 음료를 주문할 수 있다. 청각장애인 친구가 사이렌 오더 기능의 도입에 기뻐하는 것을 보며 저자는 이것이 친구에게 정말로 잘된 일이라고 여긴다. 하지만 한편으로 세상의 모든 일이 사이렌 오더와 같은 방식으로 이루어지게 된다면 그런 사회는 늘 '안전'하기는 하겠지만, 차이를 존중할 필요도, 차이가 만드는 풍부함도 사라지는 것은 아닐지 걱정도 생긴다.

타인이란 애초에 온갖 바이러스와 세균, 편견과 다른 생각, 동의하기 어려운 이념의 운반체다. 코로나19 바이러스가 초래한 상황이 절절히

보여 주듯이 사회적 거리 두기는 우리의 생물학적 안전에 이롭다. 그러나 우리가 잘 아는 편안한 공동체를 벗어나 바깥세상을 향할 때, 열려 있는 상호작용의 장으로 나아갈 때, 그 위험과 불일치 속에서만이 가능한 우정, 환대, 사랑과 연대의 만남들이 있다.

이 부분을 읽으며 코로나19가 한창이던 기간에 이루어진 온라인 수업이 떠올랐다. 온라인 수업의 세계는 매끄럽다. 소란이 염려되면 학생들에게 마이크를 끄고 수업에 참가하라고 하면 된다. 교사가 계획대로 수업을 진행하는 데 방해되는 요소들도 없다. 몰래 스마트폰을 보는 학생도, 옆자리 친구가 자기한테 종이비행기를 날렸다고 이르는 학생도, 운동장에서 축구하는 다른 반 학생들을 구경하느라 교사의 질문에 딴소리하는 학생도 없다. 정말 안전한 수업이다.

하지만 누구도 이것이 이상적인 수업의 형태라고는 생각하지 않을 것이다. 대면 수업이 본격화되어 매일매일 학교에 나와야 하는 현실이 절망스럽다고 호들갑을 떨던 학생들마저도 온라인 수업이 더 좋은 수업이라고 말하지는 않는다. 물론 대면 수업은 훨씬 혼란스럽다. 더 많은 에너지가 필요하다. 교과 내용 말고도 생각해야 할 것이 너무나 많다. 그렇지만 대면 수업에서 우리는 더 많이 웃을 수 있고, 책 바깥의 다양한 것들을 함께 배울 수 있다.

『사이보그가 되다』는 청각장애인 소설가 김초엽과 휠체어를 타는 변호사 김원영이 함께 썼다. 이 책을 읽는 것은 그들이 나눈 속 깊은 대화의 자리에 함께하는 것과 같다.

더 깊이, 더 넓게 읽기

- 박윤영·채준우, 『**장애인이 더 많은 세상이라면**』, 뜨인돌
- 김지우, 『**하고 싶은 말이 많고요, 구릅니다**』, 휴머니스트
- 고병권, 『**사람을 목격한 사람**』, 사계절

신데렐라 이야기는 항상 성립할까

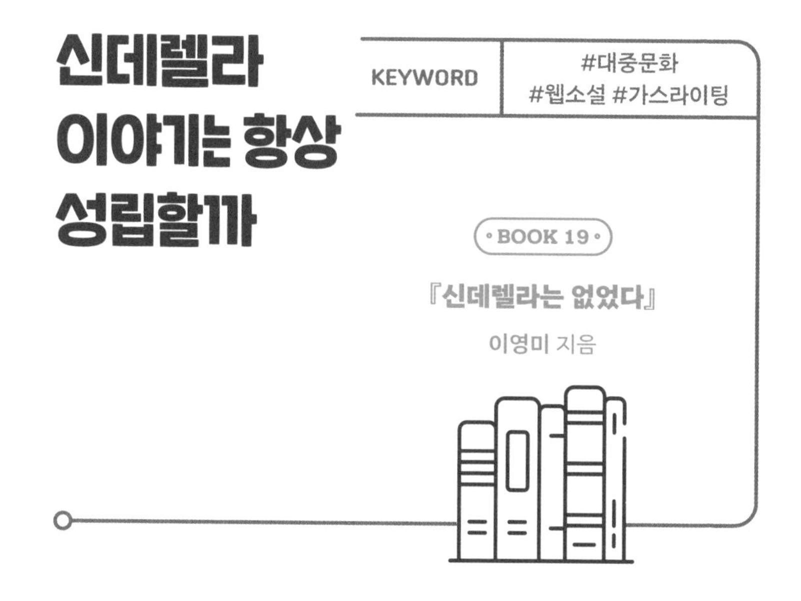

대중 예술은 대중의 욕망을 반영한다

나는 '로맨스판타지(이하 로판)' 웹소설을 즐겨 읽는다. 로판의 주인공들은 현실에서는 상상도 할 수 없는 기회를 잡는다. 시간을 되돌려 새롭게 삶을 시작하기도 하고('회귀물') 죽은 줄 알았는데 전혀 다른 세상에 사는 다른 사람의 몸을 빌려 살아나기도 한다

('빙의물'). 주인공은 전생의 기억, 혹은 다른 사람의 몸을 이용하여 엉망진창으로 망가져 버린 지난 생의 오류를 바로잡는다. 엄청난 마력이나 '이능력(인간의 한계를 벗어난 초자연적 능력)', 황족이나 대귀족의 권력, 아름답고 강한 신체 등을 가지고 세상의 파멸에 맞서 싸우며 기어코 세상을 구하기도 한다.

비루한 현실을 잠시 잊고 판타지의 세계에 마음을 맡기다 보면 시름도 잊게 된다. 하지만 그런 사실을 세상에 함부로 드러내지는 않는다. 은밀하게 결제 버튼을 누르고 숨죽여 판타지 세계로 들어간다. 아무도 내게 손가락질한 적 없건만 괜스레 부끄럽기 때문이다. 멋들어지고 품위 있는 책이 아니라 로판이라니! 어떤 로판은 뻔한 설정에 다듬어지지 않은 문장들로 가득 차 있다. 진부함과 어설픔을 견디는 것은 독자의 몫이 된다. 그걸 견디지 못해서 읽다가 삭제 버튼을 눌러 버리는 일도 종종 벌어진다. 하지만 때때로 놀라운 통찰을 담아낸 작품을 만나기도 한다.

세상이 변하자 로판의 세계도 변했다. 어느 때부터인가 주인공이 세상을 구하는 방식이 달라졌다. 남자 주인공이 강력한 힘에 의지하여 세상을 구하고, 어여쁜 여자 주인공을 만나 사랑도 쟁취한다는 뻔한 서사는 시원하게 내던진다. 보석처럼 귀했던 신선한 서사를 최근에는 보다 자주 만날 수 있게 됐다. 작가도, 독자도 달라졌으니 작품이 달라지는 것은 사실 당연한 일이다. 대중 예술은 대중의 욕망을 반영하니 말이다. 이제 주인공은 소통하고, 포용하고, 연대한다. 가스라이팅★을 이겨 내고, 복수의 연쇄를 끊는다.

사회의 변화에 따라 달라지는 것이 어찌 로판뿐이겠는가. 얼핏 보기에 가볍게 재밋거리로 만들어진 듯한 콘텐츠라도, 찬찬히 뜯어보면 시대를 정직하게 반영하고 있음을 알 수 있다. 어떤 작품이 대중들로부터 폭넓은 사랑을 받는다는 것은 그 시대를 살아가는 사람들의 욕망을 잘 반영한다는 의미다. 한국 대중 예술 연구자 이영미는 책 『신데렐라는 없었다』에서 대중소설이나 드라마에 담긴 당대 사람들의 욕망과 그 사회적 배경을 분석한다. 일제강점기부터 오늘날에 이르기까지 대중의 사랑을 받았던 소설과 드라마를 살펴보고 그가 내리는 결론이 흥미롭다. '신데렐라 이야기'가 대중문화의 주류를 이뤄 왔다고 막연하게들 생각하곤 하지만, 사실 지난 100년간 그와 같은 경향이 나타난 시기는 단 두 번, 1960년대 중반과 1990년대 후반뿐이었다. 그러니까 대부분의 시기에 한국

★ **가스라이팅** 다른 사람의 상황을 교묘하게 조작해서 스스로를 의심하게 만들어 자신의 뜻대로 지배하려고 하는 정서적 폭력을 말한다. 지속적으로 가스라이팅을 당하면 정말 자기 힘으로는 아무것도 할 수 없을 것 같은 마음이 되어 상대방의 조종에 순응하게 된다. 1944년의 영화 〈가스등Gaslight〉은 한 남성이 아내를 자상히 보살피는 척 자신에게만 의지하도록 만들어서 재산을 가로채려 하는 이야기이다. 극 중 남성이 아내를 혼란스럽게 만드는 방법으로 집안의 가스등 불빛을 조작하는 것에서 착안해 가스라이팅이라는 용어가 생겨났다.

대중문화에는 신데렐라가 없었다는 것이다.

신데렐라 이야기가 성립되려면 조건이 갖춰져야 한다

의외의 결론에 당황하지 말고 신데렐라 이야기가 무엇인지부터 살펴보자. 그저 가난한 여성 주인공이 돈, 권력을 가진 남성과 결혼해 신분 상승과 사랑을 모두 이루는 것이 신데렐라 이야기라고 단순하게 생각해서는 곤란하다. 더 중요한 것은 '가진 자와의 결혼이 행복한 결혼이어야 하며, 그러려면 그 결혼에 고통이나 윤리적 하자 같은 것이 전혀 없어야 한다'는 조건이다. 부자와 결혼했으나 지독한 시집살이로 고통받는다거나, 권력을 가진 남자와 결혼하기 위해 진정한 사랑을 배반하는 등의 요소가 개입되어 있다면 그것은 신데렐라 이야기라고 할 수 없다.

예를 들어 한국의 대표적인 신데렐라 이야기로 『장한몽』이 많이 언급되지만, 이것은 심순애가 사랑하는 이수일을 배반하고 돈 많은 남자 김중배를 선택하면서 불행에 빠지는 이야기다. 이영미는 이런 종류의 이야기를 '신파적 작품'이라고 부른다. 신파적 작품은 가난한 인물에게 신파적 결함이 있는 것으로 설정한 후 불행한 결말로 몰고 가는 방식을 선택한다는 점에서 신데렐라 이야기와는 구별된다. 우리나라 사람들은 오랫동안 신파적 이야기에 공감해 왔다. 신데렐라 이야기가 공감을 획득하기 위해서는 일정한 사회적 조건이 필요하다.

> 돈과 권력이 있는 자가 부도덕하거나 무능력하다는 의심이 없어야 하며, 그가 지배하는 세상의 질서, 즉 계층이 높은 자와 낮은 자로 분명히 갈리는 불평등한 세상의 지배 질서를 사람들이 부당하다고 느끼지 않는 사회여야 한다. (…) 그저 선함이나 사랑 같은 내면적 진정성을 유지하면 머지않아 높은 계급으로 상승하여 가정과 사회에서 존중받고 행복해질 수 있다는 믿음이 살아 있는 세상이다.

일제강점기와 6·25 전쟁의 비극 속에서 대중들이 이런 믿음을 간직하기는 어려운 일이었다. 신데렐라 이야기가 우리의 대중 예술에 등장한 것은 1960년대 중반에 이르러서다. 그런데 놀라운 것은 이때 신데렐라로 형상화되는 것이 남자라는 점이다. 경제가 성장하면서 계층 상승에 대한 믿음이 생겨났지만 그 가능성은 아직 남성들만의 것이었다. 여성은 부자 남성과 결혼한다고 해도 그 이후 형성하게 되는 인간관계가 여전히 전근대적 틀 안에 제한되었으며, 스스로의 힘으로 사회적 성공을 이루는 것을 상상하기 어려운 시대였다. 여성에게는 신데렐라의 꿈마저도 허락되지 않는 세상이었던 것이다.

한국 대중 예술에서 여성 신데렐라가 등장한 것은 1990년대에 이르러서다. 1994년 〈사랑을 그대 품안에〉라는 드라마로 시작된 신데렐라 이야기의 시대는 1997년 〈별은 내 가슴에〉와 〈신데렐라〉로 이어지며 한 시대를 풍미하게 된다. 그러나 이 희망의 시대는 짧았다. 1990년대 말 한국을 덮친 외환 위기와 함께 신데렐라 이야기도 모습을 감춘다. 대중이 해피 엔딩으로 끝나는 계층 상승 이야기를 너무 허무맹랑하고 개연성 없는 것으로 느꼈기 때문이다. 그렇다면 지금 인기를 끄는 대중 예술은 한국 사회의 어떤 모습을 비추고 있는 것일까?

더 깊이, 더 넓게 읽기

- 권창규, 『**인조인간 프로젝트**』, 서해문집
- 이승한, 『**잘 봐 놓고 딴소리**』, 북트리거
- 리베카 솔닛, 『**해방자 신데렐라**』, 반비

외계 생명체와 우정을 나눌 수 있을까

절판된 아까운 책이 새 책과 함께 찾아오다

『어둠의 속도』라는 아름다운 소설이 있다. 자폐스펙트럼장애를 가진 주인공의 시점에서 이야기가 전개되는데, 독자는 그가 발견하는 패턴들을 통해 이 세상을 바라보는 흥미로운 경험을 하게 된다. 비자폐인들은 여간해서는 발견할 수 없는 '세상의 질서와 규칙'을 자폐인들은 알아본다.

『어둠의 속도』에 매료된 나는 만나는 사람마다 이 책을 추천하고 다녔다. 그러던 어느 날 책이 절판됐다는 사실을 알게 됐다. 이미 자폐가 퇴치돼 소수의 자폐인만 남은 세상에서 사는 주인공처럼, 주인공의 이야기가 담긴 책도 아슬아슬 명맥을 유지하다가 더 많은 독자를 만나지 못하고 출판 시장에서 사라져 버린 것이다. 마음이 아팠다.

그로부터 얼마간의 세월이 흘렀다. 다시 뜻밖의 소식을 접했다. 『어둠의 속도』가 재출간된다고 했다. 게다가 저자 엘리자베스 문의 다른 작품도 함께 출간된다니, 덩실덩실 춤이라도 추고 싶었다. 설레는 마음으로 예약 구매를 하고 택배가 올 날을 손꼽아 기다려서 읽은 새로운 책이 바로 『잔류 인구』다.

지구가 어떻게 되었는지는 잘 드러나지 않지만 분명 좋은 상태는 아닐 어떤 미래, 지구인이 개척한 다른 행성에서 이야기가 펼쳐진다. 이 '콜로니'에는 지구에서 이주해 온 소수의 사람들이 살고 있는데, 행성을 관리하는 '컴퍼니'가 철수를 결정하여 곧 이주를 해야 한다. 하지만 70대 여성인 주인공 오필리아는 이주 대열에 합류하고 싶지 않다. '살 만큼 살았는데 얼마나 더 살아 보겠다고 냉동 수면 상태로 우주를 가로지르는 여행을 감수하겠는가' 하고 생각한다.

여기서 행성의 관리와 유지, 개척과 폐쇄를 모두 관장하는 주체가 '컴퍼니', 즉 기업이란 설정이 무척 흥미롭다. 효율성과 합리성의 논리를 앞세워 별걸 다 민영화★하는 현대 지구의 상황을 그대로 보여 주는 것 같다. 철도나 공항을 민영화하는 일은 이제 뉴스도 되지 않는다. 심지어 민영화된 교도소가 버젓이 존재하는 세상 아닌가? 이런 식이라면 미래에 외부 행성을 개척하고 사람들을 이주시키거나 철수시키는 일 역시 정부가 아니라 기업이 맡게 되리라는 상상도 결코 지나치지 않다.

『잔류 인구』에서 컴퍼니와 지구인들은 행성을 식민지(콜로니)로 취급한다. 마음대로 환경을 변화시키고, 땅을 차지하고, 토착 생물을 함부로 죽인다. 이 책이 그린 미래 세계는 현대 지구의 모습을 그대로 이어받았다.

★ **민영화** 정부 혹은 공기업에서 운영하던 조직이나 사업 등을 민간 영역에 넘기는 일을 말한다. 주로 서비스 품질 개선과 경제적 효율성을 명목으로 추진하지만, 기업의 무분별한 이익 추구 과정에서 결국 각종 폐단이 나타나는 경우가 많다. 1993년 민영화되었던 영국의 철도는 상습적인 지연, 잦은 사고, 불결한 객실, 비싼 운임료 등이 문제가 되어 다시 국영화되었다. 볼리비아의 도시 코차밤바는 1999년 미국 기업 벡텔에 상수도 사업을 넘겨주었다가 요금이 세 배로 뛰자 민중 봉기가 일어났으며, 결국 벡텔은 철수하고 수도는 다시 국영화되었다. 현재 우리나라에서도 의료, 전력 등 다양한 분야에서 민영화를 둘러싼 논쟁이 치열하다.

오필리아와 외계 종족 사이에 우정과 연대가 깃들다

지구도 아닌 땅에서 완전히 혼자 살아가려는 오필리아의 계획은 성공할 것인가? 놀랍게도 별로 어렵지 않게 성공한다. 행성을 떠나는 사람들은 한 노인이 우주선에 탔는지 안 탔는지 큰 관심을 갖지 않았고, 행성에 남아 있는 물자는 오필리아가 생활을 이어 나가는 데 충분했다. 만약 당신이 오필리아처럼 홀로 남게 된다면 어떻게 할 것인가? 『마션』의 마크 와트니는 감자를 키우지만, 오필리아는 신발을 벗어 던지고 자기만의 패션 감각으로 창의적인 의상을 제작해 입고 다닌다. 지금까지 자신을 구속하고 통제해 온 세상의 규칙에서 벗어나 스스로 규칙을 만들어 낸 것이다.

생존하는 데 꼭 필요한 것은 아니었지만 오필리아는 예쁜 옷을 만든다. 세상 사람들의 기준이 아니라 자신의 기준으로 예쁜 옷이다. 이제 이 행성에는 오필리아뿐이니까 오필리아 한 사람의 눈에 예쁘면 모든 사람의 눈에 예쁜 것이 된다. 목걸이도 잔뜩 만든다. 역시 생존에 꼭 필요한 것은 아니다. 사실 살아남으려면 마크 와트니처럼 감자를 심었어야 했다. 나쁜 날씨에 대비해 집을 튼튼하게 수리해야 했다. 물론 오필리아는 그런 일도 한다. 하지만 예쁜 것들을 만드는 데 더 많은 힘을 기울였다. 노인이 되고, 행성에 홀로 남은 존재가 되어서야 자신에게 정말 필요했던 것이 무엇인지를 깨닫는 장면에서 마음 한구석이 싸해져 온다.

> 아니, 그럴 필요가 있었어. 그런 것이 필요하다는 걸 모르면서 살았던 평생 동안 그런 게 필요했어. 창작의 기쁨, 놀이의 기쁨은 가족과 사회적 의무로는 채워지지 않는 빈 곳이었어. 자식들을 더 잘 사랑할 수 있었을 텐데, 이제 그는 이렇게 생각했다. 내게 놀이가 얼마나 절실했는지, 아름다운 것을 다루고 더 많은 아름다움을 창조하려는 스스로의 유치한 욕망을 따르는 일이 얼마나 절실히 필요했는지 더 일찍 알았더라면.

그런데 혼자서의 생활이 그럭저럭인 정도가 아니라 꽤 괜찮다고 생각할 무렵, 오필리아의 평온한 나날에 엄청난 사건이 닥친다. 그가 사는 지역으로 괴동물들이 몰려온 것이다. 힘이 세 보이는 데다가 무리를 짓고 있는 괴동물들 앞에서 오필리아는 자연스럽게 죽음을 각오했다. 하지만 정작 그들은 오필리아에게 위해를 가할 생각이 없었다. 놀랍게도 그들은 오필리아와 소통하고 싶어 하고, 무언가를 배우고 싶어 했다. 엄청난 호기심과 학습 능력으로 지구인의 기술을 비롯하여 오필리아와 그의 거주지에 관련된 모든 것들을 탐구하고 많은 것을 배워 나갔다. 전기, 수도 시설부터 지구인의 예절, 언어까지 말이다.

오필리아는 괴동물들과의 관계에서 편안함을 느꼈다. 그들은 오필리아가 초대할 때만 오필리아의 집으로 들어왔으며, 오필리아가 혼자 있고 싶어 할 때는 그 마음을 존중해 주었다. 오필리아는 살면서 단 한 번도 '혼자 있고 싶을 때 차단할 수 있는 교제'를 경험한 적이 없었다는 사실을 깨닫는다. 그들은 조용하고 정중하며 열성적인 동거 생명체였다.

괴동물들과 오필리아의 기이한 동거 생활이 계속되던 중, 오필리아에게 또다시 새로운 손님이 들이닥친다. 이번에는 지구인들이다. 행성의 이모저모를 연구하는 학자들이었다. 여기서부터 『잔류 인구』의 가장 빛나는 부분이 펼쳐진다. 행성에서 홀로 지내고, 외계 종족과 함께 생활해 온 오필리아의 눈에는 지구인들의 말과 행동이 너무 낯설다. 그들은 너무 무례하고 지구인 중심적으로 행동한다. 오필리아를 존중하지 않고 외계 종족 또한 멸시한다.

지구인과 외계 종족이 외딴 행성에서 만났을 때 어떤 일이 벌어지는지, 그리고 그 가운데에서 오필리아가 어떤 선택을 하고 어떻게 행동하는지는 『잔류 인구』를 직접 읽을 독자들의 즐거움으로 남겨 두려고 한다. 몇 줄로 요약해 버리기에는 너무도 신비롭고 놀라운 결말로 이어지기 때문이다.

하지만 꼭 짚고 넘어가고 싶은 것이 있다. 오필리아와 외계 종족 사이의 우정과 연대가 가능했던 것은 상대방에 대한 진실한 존중 덕분이었다는 점이다.

더 깊이, 더 넓게 읽기

- 정세랑, 『**지구에서 한아뿐**』, 난다
- 칼 세이건, 『**콘택트 1~2**』, 사이언스북스
- 테드 창, 『**당신 인생의 이야기**』, 엘리

보이지 않는 세계를 눈에 선하게 그려 낼 수 있을까

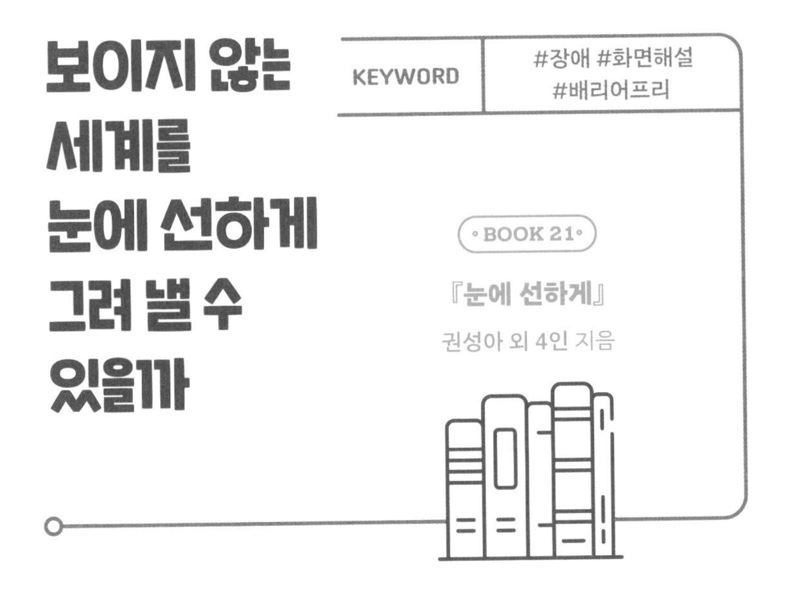

이 세상 어딘가에는 배리어프리를 만드는 사람들이 있다

국립극장에서 음악극 〈합★체〉를 보았다. 한글 자막, 수어 통역, 음성 해설을 함께 제공하는 공연이었다. '한글 자막, 수어 통역, 음성 해설이 한 무대에 총출동하면 지나치게 산만하지 않을까' 하는 생각이 머리를 스쳤지만, 공연을 보면서 그런 우려는 그저 무지의 소치임을 알았다. 특히 수어 통역사들은 공연 내내 무대에 올라 배우들과 함께 연기를 펼쳤는데, 이게 공연의 재미를 한껏 올려 주고, 입체감을 살리는 것이 아닌가. 다른 여러 면에서도 훌륭한 공연이었지만, 이처럼 본격적인 무장애(배리어프리★) 공연이었다는 점이 가장 인상 깊었다.

수어 통역과 한글 자막이 청각장애인을 위해 제공됐다면 음성 해설은 시각장애인을 위한 지원이었다. 공연의 첫머리에 무대의 형태, 공연장 전체의 배치, 각 등장인물의 목소리를 소개해 주어 시각장애인의 공연 관람 문턱을 낮췄다. 게다가 안내 책자는 점자로도 인쇄되어 있었다.

〈합★체〉가 복합적인 배리어프리 공연으로 구성된 것은 최근 공연계가 배리어프리 공연에 관심을 가지기 시작해서이기도 하지만, 한편으로는 공연 자체의 내용과도 관련이 있다. 〈합★체〉의 주인공은 쌍둥이 형제인 '합'과 '체'인데, 이들의 아버지는 왜소증을 가진 사람이다. 나는 이 공연의 원작 소설을 진작에 읽고도 장애에 대한 이야기라는 사실을 알아차리지 못했다가 공연을 보고서야

★ **배리어프리** '장벽 없는 건축 설계Barrier Free Design' 보고서에서 유래한 말로, 처음에는 건축물에서 계단 등 장애물을 없애자는 발상에서 출발하였으나 지금은 건축물뿐 아니라 각종 사회제도 및 문화 예술 분야 등 다양한 영역의 움직임으로 확장되고 있으며, 수혜 대상도 보행 약자, 교통 약자, 관광 약자 등으로 새롭게 규정되고 있다.

뒤늦게 '아!' 했다. 수어 통역, 한글 자막, 음성 해설에 더해 합과 체의 아버지 역할을 실제로 왜소증을 가진 배우가 담당한 점도 인상적이었다.

〈합★체〉는 공연을 기획하는 단계부터 접근성 매니저가 참가했다고 한다. 접근성 매니저는 "무장애 공연과 관련해 장애인 관객과 배우를 위해 개선해야 할 극장(공연장) 환경과 서비스, 무대 시설 조언은 물론 공연 연습 및 기획·홍보 단계에서 장애 감수성에 맞지 않는 부분을 바로잡는 데 도움 주는 일"을 하는 사람이다. 공연 당일에도 접근성 매니저들이 로비 곳곳에서 활약하고 있었다.

이날의 경험은 배리어프리에 힘쓰는 사람들에게 관심을 갖는 계기가 되었다. 그리고 그 관심을 따라가는 여정에서 괜찮은 책 한 권을 만나게 되었는데, 바로 『눈에 선하게』다. 『눈에 선하게』는 화면해설작가 다섯 명이 자기 일에 대해 쓴 책인데, 화면해설작가가 어떤 일을 하는지를 말 그대로 '눈에 선하게' 그려 놓았다. '화면해설'이란 '시각장애인을 위하여, 텔레비전이나 스크린에서 일어나고 있는 상황을 해설자가 음성으로 설명해 주는 서비스'를 말한다. 즉 영상 속 장면의 전환, 등장인물의 표정이나 몸짓, 그리고 대사 없이 처리되는 화면 속의 상황 등을 말로 설명해 주는 일이다. 화면해설작가는 그 설명을 글로 쓰는 게 직업인 사람들이다.

언뜻 생각하면 '그냥 눈에 보이는 것을 말로 해 주는 것 아닌가' 싶을 수 있지만, 실은 그렇게 단순한 문제가 아니다. 레이먼드 카버의 단편 소설 「대성당」에는 보이지 않는 것을 보이는 것처럼 설명하는 일의 난감함이 절실하게 표현되어 있다. 주인공은 화면에 나오는 대성당을 설명하려고 애쓰지만 실패한다. 결국 그가 찾은 해결책은 시각장애인의 손을 잡고 대성당의 모습을 손으로 그리는 것이다. 하지만 손을 잡고 함께 그림을 그려 줄 사람이 없다면? 표정이나 색채, 바람이나 파도처럼 손으로 그리기 어려운 것들은 어떻게 설명할까? 이런 점이 보이지 않는 것을 눈에 선하게 설명할 수 있는 전문 화면해설작가가 필요한 이유다.

시각장애인을 위해 시작되었지만, 실은 더 많은 이들을 위한 것

설명을 자세하게만 하는 것이 최선은 아니다. 왜냐하면 영상에는 이미 음악, 대사, 효과음 등 다양한 음성 요소들이 꽉 차게 들어가 있기 때문이다. '꽉 차게' 들어가 있다는 것은 다른 것이 비집고 들어갈 틈이 별로 없다는 의미이기도 하고, 그중에 어떤 것을 아무렇게나 들어낼 수 없다는 의미이기도 하다. 화면해설작가의 고군분투는 여기서 시작된다. 없는 틈을 만들어 내고, 영상의 전체적인 분위기를 흐트러뜨리지 않으면서 필요한 해설을 집어넣는다. 화면 해설작가는 눈이 아프도록 영상을 보고 또 보며 보이지 않는 것을 전달하기 위해 노력한다.

저자 임현아가 애니메이션 〈지오메카 비스트가디언〉의 화면해설을 맡았을 때의 에피소드가 흥미롭다. '비스트가디언'이라는 최첨단 로봇들이 변신하고 합체해서 악당들과 맞서 싸우는 이야기인데, 아무리 화면을 보고 또 보아도 합체 장면을 이해하기 어려웠다. 세 로봇의 어느 부분이 각각 맞물려서 '썬더라이온'이라는 합체 로봇이 되는지 알아내기 위해 그는 어떤 일을 했을까? 바로 실제 로봇 장난감을 사다가 각각의 로봇을 조립하고 합체해 보는 과정을 여러 차례 반복하는 것이었다.

이러한 노력은 결과적으로 몇 줄의 원고와 한 장면의 해설로 남았을 뿐이지만, 그 해설 덕택에 애니메이션을 신나게 즐긴 어린이가 분명 있을 것이다. 자기 일에 최선을 다하는 사람, 남들이 알아주지 않아도 치열하게 분투하는 사람의 태도는 큰 울림을 준다.

> 이 일을 통해서 내가 깨달은 건, '해설 쓰기 난감한 상황이 닥쳤을 때, 돌파구는 의외로 생각지도 못했던 방법일 수도 있다는 것'과, '발품을 팔아 내가 직접 움직여서 얻게 된 지식은 머릿속에 정확하게 남는다는 것', 그리고 '내가 정확하게 알고 있어야 화면해설 문장을 정확하게 쓸

수 있다'는 점이었다.

화면해설은 분명 시각 장애인의 접근성을 높이기 위한 일이지만, 그렇다고 해서 화면해설의 수혜자가 시각장애인으로 한정되지는 않는다. 버스 정류장에서 '어느 방향으로 가는 몇 번 버스가 도착했다'는 음성 안내가 나오는 상황을 생각해 보자. 이 음성 안내는 글을 모르는 사람에게도, 어린아이를 챙기거나 스마트폰을 보느라 버스가 온 것을 미처 알아채지 못한 사람에게도 도움이 된다. 화면해설이 제공되는 영상 또한 시각장애인에게만이 아니라, 옆에서 누군가 설명해 주지 않으면 화면을 이해하기 어려운 여러 사람에게도 두루두루 도움이 된다. 최근에는 드라마의 팬들이 화면해설이 포함된 음성 파일로 N차 관람을 즐기는 경우도 많다고 한다.

장애인을 위해 시작되었으나 두루두루 혜택을 누리게 된 것이 어찌 화면해설뿐이겠는가. 장애인을 위해 설치된 지하철 엘리베이터 덕분에 노인들도 편안하게 지하철을 이용할 수 있게 됐다. 휠체어를 고려해 만든 경사로 덕분에 유아차에 아이를 태우고 외출하는 부모들도 안전하게 이동할 수 있게 됐다. 곳곳에 설치된 무장애 산책로 역시 장애인만이 아니라, 계단이나 급경사 길을 오르내리기 불편한 사람들 모두가 반기는 시설이 됐다. 장벽을 낮추고 없애는 일은 결국 사회의 모든 구성원에게 이로운 일이 된다.

더 깊이, 더 넓게 읽기

- 호리코시 요시하루, 『**귀로 보고 손으로 읽으면**』, 김영사
- 김선희, 『**청소년과 함께 장애 공부**』, 지노
- 가와우치 아리오, 『**눈이 보이지 않는 친구와 예술을 보러 가다**』, 다다서재

◦ 4부 ◦

손을 잡다

농장에서 오랜 세월을 보낸 당나귀, 개, 고양이, 닭이 늙어서 쓸모가 없어졌다는 이유로 쫓겨난다. 이들은 음악가가 되기로 다짐하고 그 꿈을 이룰 수 있는 브레멘으로 떠난다. 그러다가 하룻밤 묵어갈 수 있을까 기대하며 불빛을 따라 도착한 집에서 네 명의 도둑이 각자 훔친 물건을 자랑하고 있는 장면을 목격한다. 늙은 동물들은 힘을 합쳐 그 도둑들을 쫓아내고 집을 차지한 뒤 행복하게 산다. 그림 형제의 동화 『브레멘 음악대』의 이야기다.

쓸모없어졌다는 이유로 쫓겨난 존재들이지만, 쓸모없다는 것은 주인의 생각일 뿐이다. 이들은 꿈을 간직하고 있고, 꿈을 위해 길을 떠날 용기도 있으며, 도둑을 물리칠 힘과 지혜도 있다. 빈손으로 출발해 집까지 차지했으니 생활력도 그만하면 짱짱하다. 이렇게 유능할 수 있었던 데에는 결정적인 비법이 숨어 있다. 이들은 길을 '함께' 떠났다.

당나귀와 개와 고양이와 닭, 이렇게 이질적인 존재들이 서로의 처지에 공감하며 손을 잡았다. 서로의 차이에도 불구하고 손을 잡으려면 지혜도, 용기도 필요한데 그들은 그걸 해냈다. 그 덕분에 혼자라면 절대로 불가능했을 기어코 이루어 낸다. 『브레맨 음악대』는 작고 외로운 존재들이 손을 잡고 기적을 만드는 이야기인 것이다.

연대의 힘은 강하다. 우리는 기꺼이 다른 이의 손을 잡음으로써 자신의 세계를 확장하고 힘을 키울 수 있다. 「손을 잡다」에서는 연대의 힘을 키우는 책들을 만날 수 있다. 당나귀, 개, 고양이, 닭처럼 서로 다른 종들도 연대하는데 같은 호모 사피엔스인 우리끼리 연대하지 못할 이유가 없지 않나?

『내 친구 압둘와합을 소개합니다』는 어느 날 우연히 사귄 친구 덕분에 인생이 완전히 달라진 이의 이야기다. 시리아 청년과 친구가 되고, 시리아에 관심이 생기고, 관련된 할 일을 발견하고, 그래서 시리아 친구들과 연대하는 단체를 조직하고 열심히 활동하게 되었다. 그래, 이 정도는 되어야 우정이지.

『있지만 없는 아이들』에는 우리나라에 거주하고 있지만 외국인등록번호나 주민등록번호가 없는 아이들의 이야기가 실려 있다. 미등록 이주 아동들은 한국 사회에서 '있지만 없는' 존재다. 내가 여기 분명히 있는데도 존재를 부정당할 때, 아주 희미한 존재인 것만 같을 때 그 사람은 어떤 마음이 될까?

『타인의 신발을 신어 보다』는 상대방의 입장을 이해하는 최고의 방법으로 그 사람의 신발을 신어 보라고 말한다. 물론 신발을 정말로 바꿔 신으라는 얘기는 아닐 것이다. 맞지 않는 신발을 신으면 다칠 우려도 있고, 혹시 있을지 모를 무좀균도 신나게 옮겨 다닐 테니까. 진짜 의미는 '그 사람의 입장에서 생각해 보라'는 것인데, 이것이 말로는 쉽지만 실천은 굉장히 어렵지 않나. 이 책이 그 방법을 알려 준다.

『고립의 시대』를 읽으면 안심 반, 근심 반이 된다. '나만 외로운 줄 알았는데 다들 그런 거였다니' 하며 안심하다가, '하지만 모두가 외로운 시대라면 나는 앞으로도 내내 외로울 것일까' 하며 근심한다. 외로운 사람들끼리 손을 잡으면 덜 외로운 세상을 만들 수 있지 않나? 그러려면 어떻게 해야 할까?

『타인에 대한 연민』을 읽으면 '혐오'에 대해 조금은 알게 된다. 누군가를 혐오하는 마음이 왜 생겨나는지, 어떻게 변화해 가는지, 그리고 어떻게 해야 그 혐오를 멈출 수 있는지도 말이다. 혐오를 멈추고 상대방의 손을 잡으려면 일단 혐오에 대해 알아야 할 것 아닌가.

『작별하지 않는다』는 친구의 부탁으로 앵무새를 구하러 눈보라를 뚫고 간 사람의 이야기다. 그렇다고 앵무새에 대한 이야기는 아니다. 나와 손을 잡았던 사람들을 기어이 기억하기 위해, 숨이 붙어 있는 한 계속 애쓰는 이들의 이야기를 만날 수 있다.

툭하면 자신의 권리가 침해당했다고 주장하는 사람들이 있다. '다른 사람의 권리를 침해하면 안 되지' 생각하다가도 '근데 이거 권리침해 맞아?' 하는 의심이 생길 때가 있다. 권리침해를 말하는 사람의 논리가 묘하게 거슬린다. 그럴 때는 『사람을 옹호하라』를 읽어 보자. "함께 살기 위해 우리는 불편을 참아야 할 때가 있어요. 당신이 불편하다고 당신의 권리가 침해당한 것은 아니랍니다."라는 속 시원한 말을 꺼낼 수 있게 될 것이다.

시리아 친구를 사귀면 어떤 일이 일어날까

KEYWORD #난민 #전쟁 #우정

BOOK 22

『내 친구 압둘와합을 소개합니다』

김혜진 지음

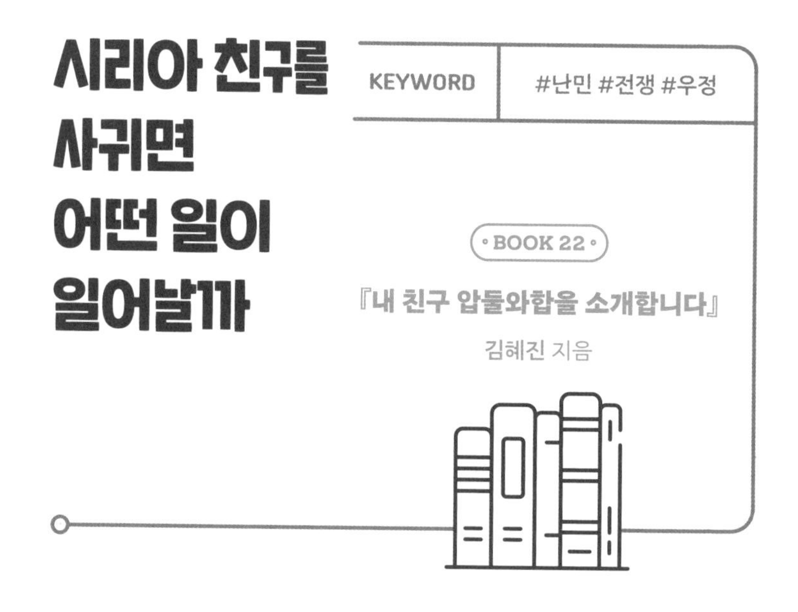

어느 날 갑자기 새 친구가 생겼다

시와 댄스를 사랑하는 중학교 국어 교사 김혜진은 은사님의 소개로 친구를 사귀게 된다. '생각도 바르고, 엄청 진취적이고 도전적인 사람'이며 '속도 깊고 화제도 다양하고 재미있는 친구'라는 은사님의 설명을 달고 김혜진의 인생에 돌연 나타난 사람이 바로 압둘와합이었다. 낯선 사람과 친구가 되라는 제안은 수줍음 많고 내성적인 저자에게 당황스러운 일이었지만 차마 거절할 수 없었다. 존경하는 은사님의 제안이기도 했고, '시리아 청년이라서 만나보기 싫니?'라는 질문까지 받았는데 거절하면 국적으로 사람을 차별하는 것 같아서이기도 했다. 어쨌든 김혜진은 사리아에서 온 청년을 만나기 위해 강남역 부근의 터키 음식점으로 갔다. 그리고 많은 것이 달라지기 시작했다.

압둘와합은 시리아의 다마스쿠스대학교를 졸업하고 변호사로 일하다가 2009년 가을에 한국으로 유학을 왔다. 한국은 시리아와 수교조차 없는 국가인데 어떻게 올 생각을 하게 되었느냐고 물으니, 시리아에 어학연수를 온 한국인 학생들을 도와주다가 한국인 유학생 커뮤니티와 연결되었던 것이 계기가 되었다는 설명이 돌아왔다. 그렇게 압둘와합은 한국에 온 시리아 유학생 1호가 됐다. 그런데 유학 생활을 하던 중 엄청난 일이 벌어진다. 2011년, 본국인 시리아에서 내전이 일어난 것이다. 뉴스에서 접하는 시리아의 소식은 압둘와합을 불면과 악몽, 우울로 몰아넣을 만큼 처참한 내용이었다. 그러나 2012년 압둘와합과 만났을 때 김혜진은 시리아에 대해 아는 것이 별로 없었다. '분쟁으로 많은 사람이 죽어 가고 있다니 안타깝구나' 하는 정도였다.

이건 저자만의 특별한 사정은 아니다. 우리 중 대다수는 시리아를 잘 모른다. 시리아라는 이름을 들으면 무엇이 먼저 떠오르는가? 시리아를 전혀 모르는 사람도 있겠지만 기억 창고를 더듬어 어떻게든 시리아에 대해 떠오르는 것을 기어코 찾아낸다면, 많은 이들이 터키 해변에서 발견된 어린아이의 주검을 떠올릴 것이다.

알란 쿠르디라는 이름을 가진 세 살짜리 시리아 어린이는 왜 터키 해변에서 주검으로 발견됐을까? 쿠르디의 가족은 내전으로 폐허가 된 고향을 탈출하여 유럽으로 가려던 참이었는데, 이들이 탄 고무보트가 버텨 내기에 바다는 거칠었고, 결국 터키 연안에서 배가 뒤집혔던 것이다. 이 소식에 우리는 슬퍼했다. 하지만 그걸로 끝이었다. 우리는 여전히 시리아에서 어떤 일이 일어나고 있는지 모르고, 시리아의 고통은 아직도 끝나지 않았다.

진짜 우정은
생각보다 힘이 세다

김혜진은 압둘와합과 친구가 된 다음부터 시리아에 대한 이야기에 귀를 기울이기 시작한다. 뉴스에서 보도하는 시리아 상황에 따라 잠을 못 이루고, 예민해지고, 절망하는 친구의 모습을 보게 되었으니까. 시리아에서 일어나는 일에 관심을 가지자 곧 해야 할 일이 많다는 것을 알게 된다. 결국 그는 2013년 구호단체 '헬프시리아'를 창립하고 지금까지 10여 년째 시리아 난민★을 위한 구호 활동을 펼치고 있다.

『내 친구 압둘와합을 소개합니다』는 김혜진과 압둘와합이 우정을 나눈 이야기인 동시에 시리아에 대한 쉽고 친절한 안내서다. 시리아에서 벌어지고 있는 비극에 관심을 갖는 것도 중요하지만 저자는 시리아와 시리아 사람들을 오직 '내전'으로만 기억하게 되길 원치 않았던 모양이다. 시리아 사람들이 얼마나 친절하며 시리아의 문화가 얼마나 훌륭한지 여러 사례를 들어 가며 우리에게 알려 준다.

그 가운데 내 마음에 가장 깊이 남은 사례는 "이웃집 식당이 오늘 개업하여, 개업 축하로 우리 식당은 오늘 영업 안 합니다"라는 내용의 현수막에 관한 것이다. 평화롭던 시절 시리아에서 벌어진

★ **난민** '난민의 지위에 관한 협약'과 '난민의 지위에 관한 의정서'에 따르면, 난민이란 "인종, 종교, 국적, 특정사회집단의 구성원 신분 또는 정치적 의견을 이유로 박해를 받을 우려가 있다는 합리적인 근거가 있는 공포로 인하여, 자신의 국적국 밖에 있는 자로서, 국적국의 보호를 받을 수 없거나, 또는 그러한 공포로 인하여 국적국의 보호를 받는 것을 원하지 아니하는 자"를 말한다. 우리나라는 1992년 12월에 협약과 의정서에 가입하고 1994년 출입국관리법을 개정했다. 출입국 통계에 따르면 1994년부터 2022년까지 총 1,338명이 난민 지위를 인정받았으며, 2022년 한 해 동안 난민 지위를 인정받은 사람은 175명이다.

일이 아니다. 누리꾼 사이에서 화제가 되었던 그 현수막은 이집트로 건너간 시리아 난민의 가게에 걸린 것이었다. 시리아에는 원래 새로운 가게가 문을 열면 같은 업종의 이웃 가게들이 개업을 축하하는 의미로 휴업을 하는 전통이 있다. 난민이 되어 타국에서 어려운 삶을 살아가고 있는 와중에도 그 아름다운 전통을 이어 가고 있는 것이다. 훈훈한 이야기는 계속된다.

> 시리아에서 상인들은 아침에 가게 문을 열면 문 옆에 작은 나무 의자를 놓아 두고 영업 준비를 합니다. 첫 번째 손님이 와서 물품을 구입하고 가면, 주인은 그 의자를 가게 안으로 밀어 넣지요. 그러다가 두 번째 손님이 와서 사고 싶은 물건을 말하면, 상인은 가게를 나와 주변 가게를 확인합니다. 아직 의자가 문 옆에 남아 있는 가게가 있다면, 손님이 원하는 물건을 보유하고 있더라도 판매하지 않고 동종의 이웃 가게로 안내합니다.

저자는 세계사 시간에 배웠던 문명 발상지 중의 하나인 '티그리스-유프라테스강'의 유프라테스강이 압둘와합의 고향을 지나는 강이라는 이야기에 깜짝 놀랄 만큼 시리아에 대해 아는 것이 없었다. 하지만 압둘와합이라는 친구 덕분에 이제는 시리아 문제를 우리에게 조곤조곤 알려 주는 좋은 책을 써 낼 정도로 시리아 전문가가 되었다. 한 걸음 더 나아가 시리가 문제에 발 벗고 나서는 활동가이기도 하다.

『내 친구 압둘와합을 소개합니다』를 읽으면 어제와 오늘의 시리아에 대해 알게 됨과 동시에, 진정한 우정이란 어떤 것인지에 대해 곰곰 생각해 보게 된다. 우정은 놀랄 만큼 힘이 세다. 친구 하나를 사귀었을 뿐인데 모든 것이 달라진다. 자신을 둘러싼 세상이 커지고 마음이 자란다. 진짜 우정은 이런 것이 아닐까?

더 깊이, 더 넓게 읽기

- 하영식, 『**난민, 멈추기 위해 떠나는 사람들**』, 뜨인돌
- 말랄라 유사프자이·리즈 웰치, 『**우리는 난민입니다**』, 문학동네
- 캐서린 마시, 『**시리아에서 온 소년**』, 미래인

'번호' 없이 무사히 살아갈 수 있을까

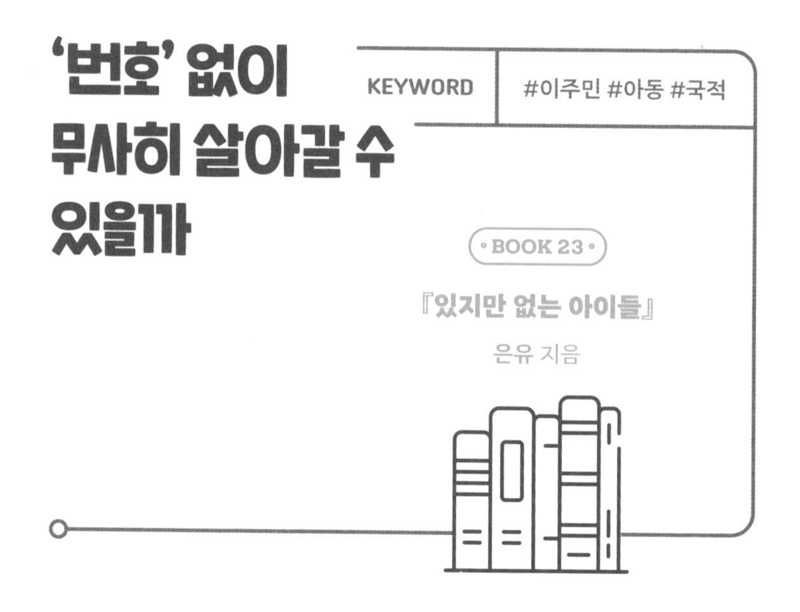

주민'등록'번호나 외국인'등록'번호가 없다면

"친구와 만나 브런치를 먹기로 했다. 자리에 앉아서 음식을 먹으려고 하면 자신이 누구인지를 밝혀야 한다. 손으로 직접 적을 수도 있지만 큐알코드 인증이 편리하다. 한 친구가 다음 달에 함께 콘서트에 가자고 한다. 스마트폰의 앱을 이용해 티켓을 예매하고 결제를 한다. 음식값은 인원수대로 나누어서 내기로 한다. 한 명이 음식값을 내고 나머지는 카카오페이 송금 서비스로 보내 주었다. 한국사능력검정시험을 준비하고 있다는 한 친구의 말에, 다른 친구들도 이 기회에 시험을 함께 준비하고 같은 날 시험을 보기로 약속했다."

가상으로 적어 본 어떤 날의 일기다. 대한민국 보통 사람의 일상이다. 그런데 큐알코드 인증을 하고, 콘서트 티켓을 예매하고, 계좌이체를 하고, 한국사능력검정시험에 응시하는 것이 어떤 사람에게는 불가능한 일일 수도 있다는 사실을 알고 있는가? 『있지만 없는 아이들』은 이런 '보통'의 일상이 불가능한 사람들의 이야기를 다룬다. 바로 미등록 이주 아동들이다.

미등록 이주 아동은 이주민 부모를 따라 한국으로 왔거나 한국에서 태어난 아동 중, 부모가 체류 자격을 상실하거나 난민 신청에 실패하는 등의 사유로 체류 자격이 없는 아이들을 말한다. 우리나라에는 2만 명 정도로 추산되는 미등록 이주 아동이 있다고 한다. 은유 작가의 표현을 빌리자면 전교생이 400명인 학교 50개 규모다. 체류 자격 없이 한국에 거주하고 있는 성인들의 사정도 막막하지만 아이들의 경우는 더 심각하다. 적어도 부모는 성인으로서 자신의 뜻으로 이주를 선택했고, 그 과정에서 체류 자격이 없는 삶을 각오했다고 볼 수도 있을 것이다. 하지만 아이는 태어나 보니 존재

자체가 불법인 상황이다.

이 아이들이 당장 한국 땅에서 쫓겨나는 것은 아니다. 유엔아동권리협약★은 아이들의 학습권을 존중해야 한다고 명시하고 있고, 한국은 이들이 고등학교까지는 다닐 수 있도록 기회를 부여하는 정도의 '품위'는 가지고 있다. 물론 한국 사회가 처음부터 이 정도의 품위를 갖췄던 것은 아니다. 10년 전만 해도 미등록 이주 아동은 학교에 다니기가 어려웠고, 고등학교 재학 중에 본국으로 강제송환되는 경우도 있었다고 한다. 많은 이들이 싸우고 호소하고 노력해서 적어도 고등학교를 졸업할 때까지는 한국에 머물 권리가 보장받게 된 것이다.

그래도 고등학교까지 다닐 수 있다고 해서 이들이 안고 있는 문제가 없겠는가. 이들에게는 주민'등록'번호나 외국인'등록'번호가 없다. 이는 곧 본인 명의의 휴대폰을 개통하지 못한다는 뜻이고, '1365 자원봉사포털'에 가입하지 못한다는 뜻이다. 예배 사이

★ **유엔아동권리협약** 1989년 11월 20일, 어린이가 누려야 할 권리를 담은 유엔아동권리협약이 유엔에서 만장일치로 채택되었다. 우리나라는 1991년 11월 20일에 이 협약을 비준하였다. 유엔아동권리협약은 역사상 가장 많은 국가가 비준한 인권조약으로, 전문과 54개 조항으로 구성되며 제1조부터 42조까지는 실제적인 아동권리 관련 내용을, 제43조부터 54조까지는 협약의 이행에 관한 내용을 담고 있다. 여기서 '아동'이란 18세 미만의 사람을 의미한다.

트 회원 가입을 할 수 없어서 콘서트 티켓을 예매할 수 없다는 뜻이기도 하고, 한국사능력검정시험에 응시할 수 없다는 뜻이기도 하다.

> 그중에서도 제일 안 좋은 건 언제 내 생활이 끝장날지 모른다는 불안함이에요. '언제 내 부모가 갑자기 사라질지 모른다' '나도 갑자기 사라질지 모른다' 이게 아이들에게 가장 안 좋은 영향을 주죠.

특별한 친절에 기대지 않고도 살아갈 수 있으려면

『있지만 없는 아이들』은 미등록 이주 아동 당사자와 그 부모, 인권 운동가, 인권 변호사 등 다양한 사람들과의 인터뷰로 구성되어 있다. 독자들은 예리하면서도 세심한 인터뷰어 은유의 행보를 따라가면서 그의 만남에 함께하게 된다. 아마도 독자 대부분은 이 책을 만나기 전까지 미등록 이주 아동의 존재조차 상상하지 못했을 것이다. 그러니 그들이 얼마나 불편하고 불안정하며 비인간적인 처지에 놓여 있는지도 알 수 없었을 것이다. 좋은 책이 가지는 미덕은 이런 것이다. 상상하지 못했던 세계와 만나고 거기에 살고 있는 사람들에게 공감할 기회를 주는 것. 『있지만 없는 아이들』은 그런 미덕을 아낌없이 발휘한다.

『있지만 없는 아이들』이 보여 주는 세계가 무작정 암담하기만 한 것은 아니다. 언제 내쳐질지 모르는 불안한 삶을 살면서도 "그래도 친절하고 좋은 사람들이 더 많아요. 그분들 덕분에 버틸 수 있었어요."라고 말하는 이들에게서 독자들은 우리 사회의 희망을 엿볼 수 있을 것이다. 친절하고 좋은 사람들이 아이들의 입학을 도와 주고, 수학여행을 갈 수 있도록, 장학금을 받을 수 있도록 지원해 주었다. 추방될 위기에 처했을 때 청원을 제기하고 함께 시위에 나서 힘을 모아 주었다. 곁에서 이들의 손을 잡아 주고 힘이 되어 준 사람들의 이야기가 내 마음도 따뜻하게 데워 주었다.

그러나 나는 이들이 누군가의 친절에 기대어 살아가지 않아도 되기를, 당연히 학교에 갈 수 있고, 대한민국에서 학생이 받을 수 있는 모든 혜택을 당연한 듯 누릴 수 있기를 바란다. 모든 선택의 순간에 '미등록인 내가 이걸 선택해도 되나?'라는 자기 검열을 하지 않아도 되는 세상, 배제당하고 상처받을 걱정 때문에 선택 자체를 포기하게 되는 일이 없는 세상, 그런 세상에 살게 되었으면 좋겠다.

한국이 이주자들에게 안정적인 삶을 제공하기 시작하면 한도 끝도 없을 것이라고, 전부 자기 나라로 돌려보내야 한다고 주장하는 이들이 있다는 것을 안다. 『있지만 없는 아이들』을 읽은 나는 "넌 불법 체류자니까 너희 나라로 꺼져!"라고 말하는 이들에게 물어보고 싶다. 한국에서 태어나 한국에서 자란 이 아이들의 '너희 나라'는 어디냐고 말이다.

많은 한국인들이 세계 곳곳에 이주하여 살고 있다. 미국 등 '선진국'으로 이주해서 어렵사리 자리를 잡고, 자녀를 학교에 보내고, 그 자녀들이 공부를 잘해서 성공을 이루는 이야기는 우리에게 익숙하다. 그렇게 한국에서 온 이주민들을 받아들이고 자리 잡을 수 있도록 해 준 나라들을 선진국이라고 이야기한다. 그러면서 왜 우리 사회는 이주민들에게 이다지도 가혹한가.

더 깊이, 더 넓게 읽기

- 이란주, 『**나는 미래를 꿈꾸는 이주민입니다**』, 한겨레출판
- 김이삭, 『**북한 이주민과 함께 삽니다**』, 나무발전소
- 김려령, 『**완득이**』, 창비

내가 신을 신발을 스스로 결정할 수 있을까

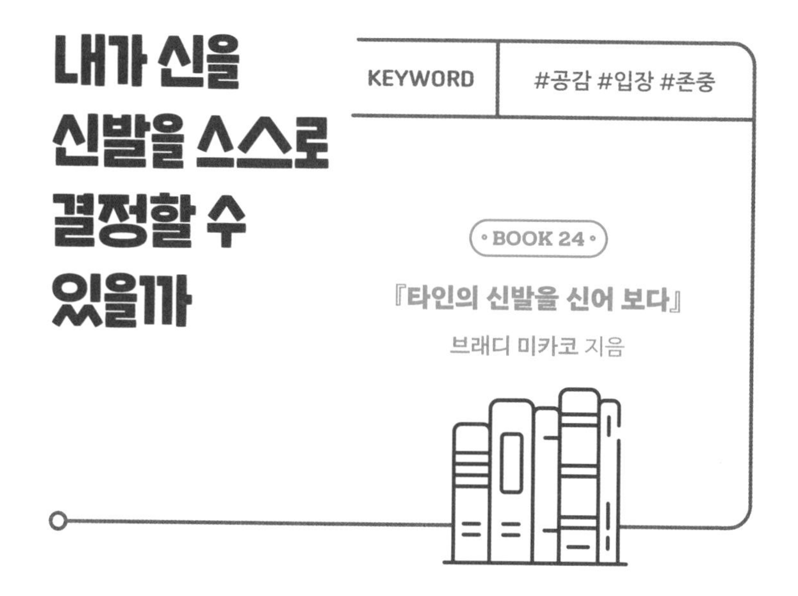

내게 가장 좋은 것이 아니라 그에게 가장 좋은 것을 주기

길고양이를 정성껏 돌보았더니 쥐를 물어다 주었다는 식의 이야기를 종종 듣는다. 고양이는 은인에게 자신의 가장 소중한 것을 주었지만, 그것이 상대에게는 별로 좋은 선물이 되지 못했다. '내가 다른 사람에게 원하는 대로 다른 사람에게 베풀어라.'라는 말은 성서에도 나오는 중요한 격언이지만, 이 말이 항상 옳은 것은 아닌 모양이다.

정말로 상대방을 위한다면 내게 좋은 것이 아니라 상대방에게 좋은 것을 주어야 한다. 하지만 이는 어려운 일이다. 우리는 종종 자기에게 필요한 것을 상대방에게 베풀면서 그가 나에게 감사하기를 바란다. 이럴 때 우리에게 필요한 것은 상대방의 입장에서 생각해 보는 태도일 것이다.

인류 역사에서 인권 의식이 언제, 어떻게 싹텄는지에 대해서는 다양한 주장이 있지만, 그중 가장 매력적인 설명은 이것이다. 로맨스 소설, 특히 신분의 차이 때문에 이룰 수 없는 사랑 이야기, 역경과 고난을 이겨 내는 사랑 이야기가 순식간에 사람들의 마음을 사로잡으며 일어난 대유행이 인권 의식을 키웠다는 이야기다. 로맨스 소설의 독자들이 주인공, 즉 내가 아닌 다른 사람의 처지에 감정을 이입해 울고 웃으면서, 현실에서도 다른 사람의 입장에서 생각해 볼 수 있게 되었다는 것이다. 인권 의식은 바로 이렇게 다른 사람의 입장을 생각해 보는 데서 출발한다. 나와 다른 저 사람도 나처럼 슬픔과 사랑을 느끼는 존재라는 깨달음이 인권의 역사에 새로운 장을 열었다. 미국의 역사학자 린 헌트가 『인권의 발명』에서 제시하는 설명이다.

상대방의 입장에서 생각해 보라고 하면 우리는 보통 '심퍼시

sympathy', 즉 공감을 떠올린다. 내가 생각한 것도 이처럼 주인공을 따라 울고 웃는 공감이었다. 하지만 『타인의 신발을 신어 보다』에서 저자 브래디 미카코는 단호히 고개를 젓는다. '다른 사람의 입장에서 생각하기'는 '다른 사람의 신발을 신어 보기'이며, 이것은 심퍼시가 아니라 '엠퍼시empathy'라는 것을 독자들에게 친절하게 설명해 나간다. 우리에게 필요한 것은 공감을 뛰어넘는 상상력이라는 것이다.

이 말을 제대로 이해하려면 심퍼시와 엠퍼시를 구별할 수 있어야 할 것이다. 심퍼시와 엠퍼시를 우리말로 옮길 때는 둘 다 '공감'으로 풀어쓰는 경우가 많지만, 브래디 미카코에 따르면 사실 둘은 엄연히 다른 개념이다. 심퍼시가 가여운 사람이나 나와 비슷한 견해를 가진 사람에게 품는 감정이라면, 엠퍼시는 딱히 가엾지도 않고 나와 의견도 다른 누군가의 입장에서 생각해 보는 것이다. 그러니까 우리는 어떤 사람을 가여워하는 마음 없이도 엠퍼시를 발휘할 수 있어야 하며, 또 충분히 그렇게 할 수 있다는 것이다. 심퍼시가 감정, 행위, 우정, 이해처럼 내면에서 자연스럽게 우러나오거나 차오르는 본능적 차원의 작용이라면, 엠퍼시는 타인의 감정이나 경험을 이해하는 '능력'이며 따라서 학습할 수 있고 연습을 통해 키워 나갈 수 있다.

자기가 신을 신발을
스스로 결정하기

이질적인 존재들이 서로 만나고 부딪히는 일이 점점 더 늘어나면서 엠퍼시는 지금 우리 사회의 중요 관심사가 됐다. 다행히 엠퍼시는 연습을 통해 향상시킬 수 있는 능력이라고 하니, 어떤 연습을 하면 되는지 알아보자. 먼저 감정 능력을 키워야 한다. 감정 능력이란 감정의 말하기, 쓰기 능력이라고 생각하면 된다. 자기 감정을 다른 사람에게 제대로 전달할 줄 모르는 사람은 다른 사람의 감정을 읽는 것에도 어려움을 겪을 수밖에 없다. 타인의 감정을 올바로 읽지 못한다면 언어나 태도로 상처를 주거나 물리적으로 억압하면서 다른 사람을 자기 생각대로 조종하려 들 것이다.

이따금 학교의 복도에서 학생들끼리 뒤엉켜 누군가를 괴롭히는 장면을 목격할 때가 있다. 당하는 아이는 고통스러워 보이는데, 아이들은 입을 모아 장난이라고 한다. 누구라도 고통스러운 사람이 있다면 그것은 이미 장난이 아니다. 고통스러울 때는 고통스럽다고, 불쾌할 때는 불쾌하다고 표현할 수 있어야 하며, 상대방이 표현하는 그러한 감정을 읽을 수 있어야 한다. 물론 어려운 일이다. 하지만 진심을 말하지 않거나 거짓말만 하는 사람은 인생의 방관자 입장으로 내몰릴 수밖에 없다. '나'라는 주어를 상실하고 자기 인생을 방관하는 사람이 다른 사람의 입장을 생각할 수는 없다. 자기 자신의 입장도 가져 본 적이 없을 테니까.

저자는 엠퍼시의 달인으로 가네코 후미코의 일화를 소개한다. 후미코는 일본 제국주의 시대에 반反천황제를 외치다 붙잡혀, 감옥에서 이런 시를 썼다. "짭조름하게 정어리 굽는 냄새, 여자 간수도 그리 부유한 삶을 사는 것은 아니네." 그에게 간수는 사상 전향을 강요하고 고통을 주는 적이었을 것이다. '저희들끼리만 맛있게 먹는구나' 하고 화를 낼 법도 하건만, 후미코는 자신의 신발을 벗고 간수의 신발을 신는 어려운 일을 해낸다. 가난한 사람들이 즐겨 찾는 반찬인 정어리 구이의 냄새로 자신에게 고통을 주는 사람의 처지를 상상하고, 측은한 그들의 처지를 시로 쓰기까지 한 것이다. 후미코는 어떻게 이와 같은 일을 해낼 수 있었을까?

가네코 후미코는 언제든 자기 신발을 벗을 수 있었고, 그 신발이 자기가 지금 막 벗는 신발에 불과하다는 것을 분명히 알고 있었다. 이런 사람은 자기가 신을 신발은 언제나 스스로 결정하고, 그 누구도 그 사람에게 억지로 신발을 신길 수 없다.

엠퍼시가 만능은 아니며 엠퍼시가 늘 선善으로 이어지는 것도 아니다. 오히려 공격당하는 사람의 신발을 신고 가학적인 상상을 하면서 지금도 SNS에 악의적인 글을 쓰는 사람들이 있지 않나. 엠퍼시가 과도해서 고통받는 사람들도 있다. '엠패스empath'★라고 하는데, 공감 능력이 특별히 발달한 사람들은 민감한 통찰력으로 상대방의 입장을 지나치게 상상한 나머지 자기 자신을 희생하기도 한다. 타인의 신발을 신어 보는 일과 타인의 눈치를 보는 일이 종이 한 장 차이이기 때문이다. 중요한 것은 자기가 신을 신발을 스스로 결정하는 것이다. 그런 사람만이 다른 사람의 신발을 신어 보고 이해와 존중을 베풀 수도 있는 법이다.

더 깊이, 더 넓게 읽기

- 브래디 미카코, 『**나는 옐로에 화이트에 약간 블루**』, 다다서재
- 린 헌트, 『**인권의 발명**』, 교유서가
- 가네코 후미코, 『**나는 나**』, 산지니

★ **엠패스** 아주 예민하고 공감 능력이 지나치게 뛰어나 상대의 감정을 자기 것으로 흡수하다시피 하는 초민감자를 엠패스라고 한다. 〈가디언즈 오브 갤럭시 VOL. 2〉와 〈어벤져스: 인피니티 워〉에 등장하는 맨티스는 접촉을 통해 상대방의 감정을 읽고 공감할 수 있는 초강력 엠패스 능력자로 설정되어 있다.

무엇이 우리를 외롭게 만드는가

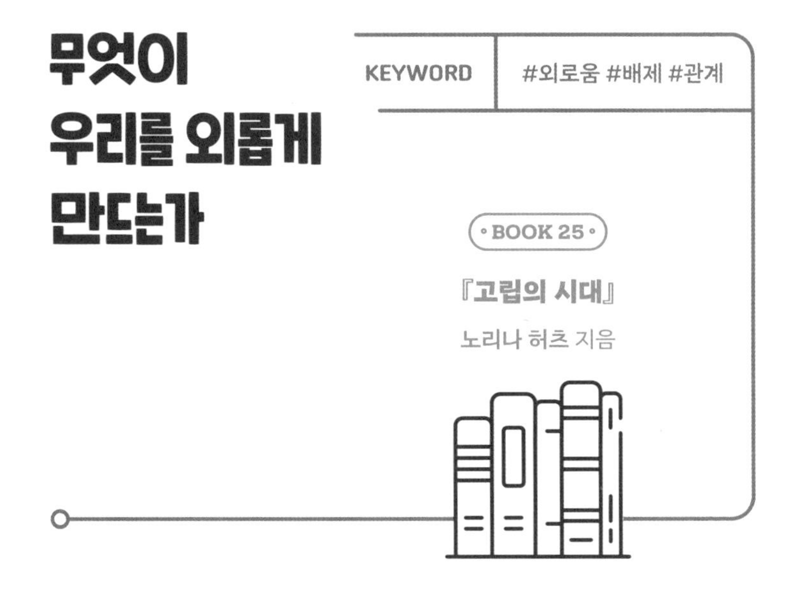

우리는 왜 '먹방'에 열광할까

영상 속에서 그는 그저 먹고 있다. 맛있게 먹고, 빠르게 먹고, 많이 먹는다. 그리고 우리는 먹고 있는 그를 바라본다. 우리는 그가 어떤 사람인지 잘 모른다. 그저 먹는 그 사람을 바라볼 뿐이다. 그런데도 이렇게나 인기가 많다니! 심지어 이런 영상을 지칭하는 용어가 따로 있을 정도이며 유튜브에서 꾸준히 사랑받는 콘텐츠 유형이기도 하다. 바로 '먹방'이다.

삶은 고단하고 시간은 부족하고 주머니는 가볍다. 가족이나 친구들과 함께하는 단란한 식사 시간은 꿈같을 뿐이다. 그래도 먹고 살아야 하니 혼자서라도 먹는다. 상황이 이럴진대 제대로 된 밥상을 차렸을 리는 만무하다. 앞에 놓인 것은 편의점에서 사 왔거나 앱으로 배달시킨 음식일 가능성이 크다. 코로나19도 이런 상황에 한몫을 했다.

우리는 사소하게라도 사람들과 모여서 무언가를 하려면 위험을 감수해야 하는 시대를 지나왔다. 이런 상황에서 영상 속의 누군가가 먹는 모습을 보고 있노라면 홀로 밥을 먹는 나의 외로움이 어느 정도 위로받는 느낌이 든다. 『고립의 시대』의 저자 노리나 허츠는 한국의 먹방이 '혼밥'의 외로움과 '현실 우정'의 부담스러움을 보여 준다고 이야기한다.

외로움에 지친 어떤 사람들은 돈을 써서 관계의 문제를 해결하려고 시도하기도 한다. 예를 들면 '렌트어프렌드RentAFriend'라는 회사는 돈을 받고 친구를 빌려준다. 2010년에 첫 선을 보인 이 회사는 전 세계 수십 개국에서 영업 중이고, 웹사이트에 친구로 고용되려고 대기 중인 사람은 62만 명에 달한다고 한다. 노리나 허츠는 시간당 40달러를 지불하고 한나절 동안 친구를 빌려 본 경험이 있다. 그 친구에게 렌트어프렌드를 이용하는 고객의 전형적인 이미지를 떠올려 달라고 하자 '30~40대 외로운 전문직 종사자, 장시간 업무 때문에 친구를 사귈 시간이 없는 사람들'이라는 대답이 돌아왔다.

먹방과 렌트어프렌드는 공통점이 있다. 모두 외로움을 타는 사람들을 고객으로 삼고 있다는 점이다. 노리나 허츠는 이것을 '외로움 경제'라 명명한다. 외로움이란 무엇일까? 전통적인 정의에 기반해서 보면 외로움이란 애정, 친밀감, 동반자가 결핍된 느낌일 것이다. 『고립의 시대』에서 저자는 한 걸음 더 나아가, 외로움을 '내면적 상태인 동시에 개인적, 사회적, 경제적, 그리고 정치적인 실존의 상태'로 정의한다.

> 외로움은 우리의 동료 시민, 고용주, 마을 공동체, 정부로부터 지지와 관심을 제대로 받지 못하는 것 같은 기분이기도 하다. 외로움은 우리가 친밀하게 느껴야 하는 사람들과 단절된 기분이면서 우리 자신과 단절된 느낌이기도 하다. 외로움은 사회와 가족이라는 맥락에서 제대로 지지받지 못하는 느낌일 뿐만 아니라 정치적으로나 경제적으로 배제된 느낌이다.

쫓아내고 고립시키며
외로움을 부추기는 사회

외로움을 새롭게 정의하고 나니 무엇이 우리를 외롭게 만드는가를 다시 생각해 보게 된다. 외로움은 단순히 내가 내성적이어서, 매력이 없어서, 운이 없어서, 사교성이 부족해서 생겨나는 문제가 아니라 사회적인 문제다. 대체 어떤 사회적 요소들이 우리를 외로움으로 몰아넣을까? 『고립의 시대』를 읽으며 저자의 생각을 따라가다 보면, 놀랍게도 지금의 우리 사회를 구성하는 거의 모든 요소가 외로움의 원인이라는 사실을 깨닫게 된다.

예를 들어 현대 도시의 건축물들은 적대적이고, 특정한 사람들을 배제하는 구조로 설계되어 있다. 구체적인 사례로 요즘 벤치들은 중간중간에 팔걸이가 달려 있고, 구불구불하거나 비스듬한 모양새로 디자인되어 있기도 하다. 이런 벤치들은 분명한 의도를 담고 있다. 거기에 아무도 누울 수 없게 만들어 노숙자를 쫓아내려는 의도 말이다.

노숙자를 배제하는 환경을 조성하여 거리를 '안전'하게 만드는 것이 왜 나쁘냐고 되물을지도 모르겠다. 노숙을 막기 위한 바로 그 벤치에서는 친구들과 편안하게 이야기를 나눌 자유도 줄어든다. 점심시간에 잠깐의 휴식을 즐기려는 직장인도, 햇살 아래서 지나가는 사람들을 구경하며 무료함을 달래려는 노인도 쫓겨난다. 담소와 휴식의 여지를 빼앗긴 우리들은 그만큼 외로워진다. 배제적인 건축 설계의 대가를 우리 모두가 치르고 있는 것이다.

현대의 노동환경 역시 외로움을 부추기는 요인이 된다. 최근 IT 업계를 중심으로 '핫데스킹'★, 즉 자율 좌석제가 유행하고 있다. 고정된 자기 자리 없이 그날그날 사무실의 어느 책상에 앉을지 정하는 것으로, 자유로운 노동환경의 완벽한 본보기로 소개되곤 하는 제도이다. 그런데 실상은 그렇지만은 않다. 많은 직장인들이 자기 책상에 사랑하는 가족의 사진이나 마음에 드는 소품을 두고 힘겨운 일과 틈틈이 바라보며 위로를 받는다. 하루의 3분의 1 이상을 같은 공간에서 보내는 옆자리 동료와 친밀한 관계를 형성해 정서적 지지를 주고받기도 한다. 핫데스킹은 이런 모든 가능성들을 배제하고 그야말로 일만 하는 환경을 만든다.

학교도 마찬가지다. 새로운 교육과정은 학생의 교과목 선택권을 획기적으로 늘려 주었다. 본인의 희망과 진로에 따라 원하는 과

★ **핫데스킹** 직원들이 자기 책상을 고정적으로 사용하는 것이 아니라 각자 적당한 자리를 유동적으로 선택하여 일하도록 하는 제도를 말한다. 공간 비용을 크게 절감할 수 있다는 장점이 있지만, 팀원 간의 의사소통이 불편해지는 등의 단점이 제기되고 있다. '핫 데스크'라는 용어는 서로 다른 조의 선원들이 같은 침상을 교대로 사용하는 해군 내 관행 '핫 래킹hot racking'에서 유래한 것이다.

목만 골라서 들을 수 있다니 좋은 일이라고 생각했을 것이다. 하지만 결과적으로 학생들은 자기 반의 자기 자리에 앉아 있을 틈이 없게 됐다. 하루 7시간을, 시간마다 다른 교실로 옮겨 다니며 공부하다 보니 옆자리 친구들과 친해질 틈이 없다. 내 책상에 나만의 취향에 따라 스티커를 붙이고 애착 인형을 놓아둘 수도 없다. 같은 반 친구들의 이름조차 다 알지 못한 채 한 학년이 끝나 버리는 일도 생긴다.

번거로움을 감수해야
좋은 관계가 생겨난다

요즘 유료 독서 모임이 유행이다. 호스트가 책을 고르고, 날짜와 장소를 정하고, 함께 나눌 이야기의 주제까지 정해서 공지하면 사람들이 돈을 내고 모임에 참가한다. 독서 모임 외에도 참가비를 내는 다양한 모임이 있다. 이런 모임들을 전문적으로 중계하는 앱에서 '남산 산책 모임', '관악산 등산 모임', '보드게임 모임'과 같은 다양한 모임들이 개설되어 참가자를 기다리고 있다.

독서, 남산 산책, 관악산 등산, 보드게임 등 모임 활동의 공통점은 유료 모임에 들어가지 않고도 즐길 수 있는 활동이라는 점이다. 그런데도 사람들은 자기 스스로 모임을 만들기보다 돈을 내고 이미 개설된 모임에 참가하는 쪽을 선택한다. 돈을 받은 호스트가 전문적인 역량을 발휘해서 모임의 과정에 생길 수 있는 크고 작은 문제들을 해결해 주어, 참가자들은 안전하고 편리하게 다른 참가자들과 관계를 맺을 수 있으니 말이다. 하지만 이러한 방식의 모임에서 진짜 관계가 형성되기는 어렵다. 정돈된 환경에서 나누는 가벼운 대화에서보다는, 서툴고 어렵더라도 모임의 크고 작은 문제들을 함께 해결해 나가는 과정에서 우정이 자라나고 관계가 깊어진다.

외로움을 부추기는 사회구조에서 빠져나와 좋은 관계를 형성할 수 있는 환경을 구축하는 데 관심과 노력을 쏟아야 한다. 현실에서의 관계 맺기에는 물론 번거로운 면도 있다. 하지만 좋은 관계가 주는 이점을 생각해 보면 그런 번거로움은 별것 아니라는 사실을 금방 깨달을 수 있을 것이다.

더 깊이, 더 넓게 읽기

- 김만권, 『**외로움의 습격**』, 혜다
- 홍현진·강민수, 『**독립하고 싶지만 고립되긴 싫어**』, 오마이북
- 로버트 D. 퍼트넘, 『**나 홀로 볼링**』, 페이퍼로드

혐오를 이기려면 어떻게 해야 할까

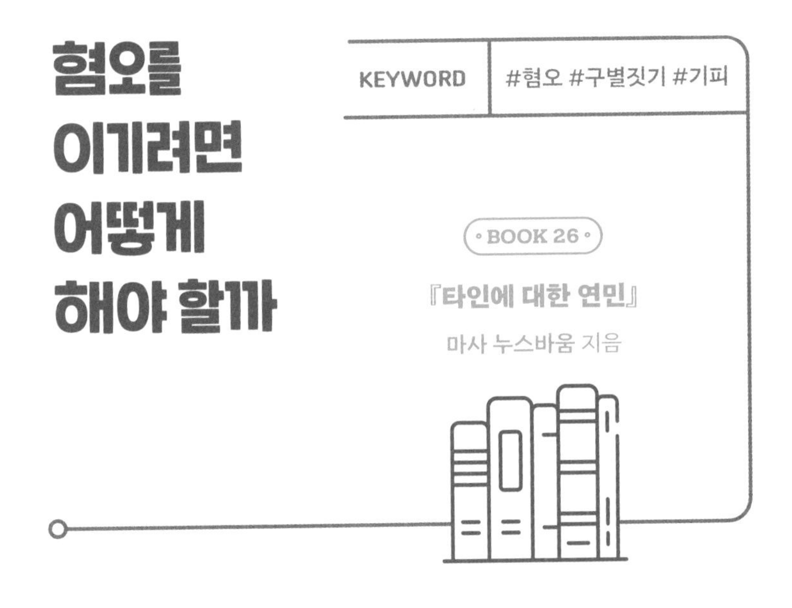

마녀의 가마솥에서 끓고 있는 것은?

셸 실버스타인의 『아낌없이 주는 나무』를 알고 있는가? 수많은 사람들의 눈시울을 적신 이 이야기는 작은 소년을 사랑하는 나무에 관한 우화이다. 소년은 나무에게서 놀이, 음식, 안식처를 제공받으면서 자란다. 소년이 장성하자 나무는 아내와 아이들을 위해 집을 지을 수 있도록 나뭇가지를 제공한다. 이후 한동안 나무를 떠났던 소년은 중년이 되어 돌아와 이번에는 보트를 원한다고 말하고, 나무는 자기 몸통을 내어 준다. 그 몸통으로 만든 보트를 타고 멀리 떠난 소년이 늙고 지친 몸으로 다시 돌아왔을 때 모든 것을 내어 준 나무에게 남은 것은 그루터기뿐이다. 이제 소년은 그루터기에 앉아서 쉰다.

마사 누스바움은 '모든 것을 내어주는 사랑'을 다루는 이 우화에 단호한 일침을 가한다. 이야기에서 아낌없이 주는 나무가 어머니를 상징하고, 세상은 여성에게 이런 어머니의 역할을 계속 요구하고 있다는 것이다. 하지만 세상이 바뀌어 여성은 아낌없이 주는 나무로 집에 머물기보다는 사회로 나아가기를 원하고 있고, 실제로 새로운 영역에 속속 진출하는 중이다. 그런 상황이 소년은 불안하다. 아낌없이 주는 나무가 집에서 자신을 기다려 주지 않는다면 어떻게 모험을 떠날 수 있단 말인가. '여성들이 내 삶을 뒤흔든다'는 깊은 불안과 분노를 느낀다. 그리고 거기서 '여자들은 자기 자리로 돌아가라'는 여성 혐오가 자라난다.

인간에게는 본래 혐오라는 감정이 있다. 높은 지능을 가지고 여타의 동물들과 다른 삶을 구가하고 있지만, 인간도 결국엔 동물일 뿐이고 똑같이 죽을 운명이라는 사실을 떠올리고 싶지 않다. 그래서 우리는 죽음과 부패, 혹은 그것들을 연상하게 만드는 대상에 혐오감을 느낀다. 신체의 배설물, 체액, 끈적한 것, 악취가 나는 것 등이 그 예다.

전래 동화에서 마녀들이 가마솥에 넣고 끓이는 것들, '늪의 뱀 한 토막, 도롱뇽의 눈알, 개구리의 발가락'을 상상해 보자. 그리고 마녀들의 생김새가 어떻게 묘사되는지 기억을 더듬어 보자. 가마솥에는 끈적한 액체가 끓으며 악취를 풍기고 있고, 주름투성이의 구부정한 마녀가 솥을 젓는다. 노화만큼 죽음을 분명하게 예고하는 것이 또 있겠는가. 늙은 마녀는 '혐오스러운 존재'가 되어 혐오스러운 것들을 다룬다.

내가 아니라 '그들'이 더러운 거야

인간은 필사적으로 자신에게서 혐오스러운 요소를 지워 내려고 노력하지만, 이는 불가능에 가까운 일이다. 이럴 때 인간은 새로운 전략을 도입한다. 특정 집단을 자기보다 더 동물적이라고 규정하는 것이다. 흑인을, 유대인을, 무슬림을, 노인을, 동성애자를, 그리고 여자를 그렇게 규정한다. 동물적이고 더럽고 냄새나는 '그들'과 달리 '우리'는 순수하고 깨끗하다고 믿는다.

그들을 완전히 배척할지 혹은 적절한 수준에서 교류하며 지낼지는 상황에 따라 달라진다. 인도 사회에서 혐오의 대상이 되고 있는 '달리트'★ 계층은 그들의 행동을 촘촘히 제약하는 사회규범을 짊어지고서 주류층이 혐오스럽다고 회피하는 일, 세탁과 배설물 청소 등을 하며 살아간다.

봉건제와 군주제에서 복종은 공식적인 통치 방법이었다. 귀족은 소작농보다, 왕은 백성보다 우월한 신분이며 더 고결한 존재이기 때문에 귀족이나 왕이 소작농과 백성을 다스리는 것은 당연하다는 논리가 그 시대의 규칙이었다. 누구나 알고 있듯 지금 우리는 봉건제도 군주제도 다 물러간 민주주의 사회에 살고 있다. 이런 사회에서는 지배와 복종이 아니라 존중과 배려가 공적인 규범이 된다. 하지만 지금 우리가 살고 있는 이 세상에 실제로 존중과 배려만이 가득하다고 믿는 사람은 아무도 없을 것이다.

★ **달리트** 인도에는 카스트제도가 있다. 사회 구성원을 브라만, 크샤트리아, 바이샤, 수드라라는 네 개의 계급으로 구분하는 계급제도이다. 공식적으로는 이에 따른 차별을 금지하고 있지만, 실질적으로는 여전히 막강한 사회적 영향력을 발휘하고 있다. 그런데 이 카스트제도의 가장 밑바닥에도 끼지 못하는 사람들을 달리트라고 한다. 이전에는 산스크리트어로 '찬달라'라고 지칭해 왔지만, '부정 타는 자', '닿으면 안 되는 (미천한) 것'이라는 의미가 지나치게 부정적이라는 이유로 용어 사용이 금지되었다. 오늘날에는 힌디어로 억압받는 자라는 의미의 '달리트', 혹은 신의 아들이라는 의미로 마하트마 간디가 제안한 '하리잔'이라는 용어를 사용한다. 2022년 기준으로 인도 인구의 6.8퍼센트가 달리트 계층에 해당한다.

누스바움은 인간이 DNA에 존중과 배려가 새겨진 채 태어나는 것은 아니어서, 조금만 방심하면 치명적인 실수를 범할 수 있는 취약한 존재임을 경고한다. 두려움, 분노, 혐오 등의 원초적 감정을 제대로 다루지 않으면 여러 심각한 문제가 발생할 수 있다.

혐오는 사회적으로 건설적이지 않다고 나는 생각한다. 사람들이 혐오를 느낄 때 원하는 것은 문제 해결이 아니라 회피이기 때문이다. 혐오는 법적인 목적으로도 신뢰할 수 없다. 배심원들은 보통 피나 혈흔을 언급하는 데 혐오감을 느끼지만 살인은 이와 같은 감각적 특성 없이도 그 자체로 끔찍한 범죄다.

그는 『타인에 대한 연민』을 2016년 11월 도쿄의 한 호텔에서 쓰기 시작했다. 외국인과 여성에 대한 혐오를 정치적 무기로 사용하던 트럼프가 결국 대통령으로 당선됐다는 믿기지 않는 소식을 시상식에 참석하기 위해 방문한 도쿄에서 접한 것이 집필의 계기가 되었다고 밝힌다. 친구들과 만나 기막힌 상황을 한탄하기도 어려운 조건이었다. 그때 누스바움은 자신이 그 순간 느끼는 불안에서 출발하여 분노, 혐오, 시기심 등이 무엇으로부터 유래해서 어떤 결과를 빚어내는지에 대해 통찰할 기회를 갖게 된다. 그 결과물이 바로 이 책 『타인에 대한 연민』이다. 누스바움의 책을 소개하고 싶어도 분량이나 난이도가 만만치 않은지라 쉽사리 권할 수가 없어 안타깝던 차에, 쉽게 읽히고 분량도 적당한 이 책이 출간되어 꼭 소개하고 싶었다.

그런데, 혐오가 심각한 문제가 된다면 그 문제를 해결할 방법은 없을까? 누스바움에 따르면 혐오는 환상을 먹고 자란다. 그러니 환상 너머의 실제 삶, 일상을 공유하는 것이야말로 혐오를 이겨내고 없애는 가장 좋은 방법이 된다. 낯선 존재들에 관한 책이나 영상물을 주의 깊게 살펴보는 방법도 추천한다.

더 깊이, 더 넓게 읽기

- 박민영, 『**지금, 또 혐오하셨네요**』, 북트리거
- 홍재희, 『**그건 혐오예요**』, 행성B
- 이혜정 외, 『**혐오, 교실에 들어오다**』, 살림터

제주공항 활주로 아래에는 무엇이 있나

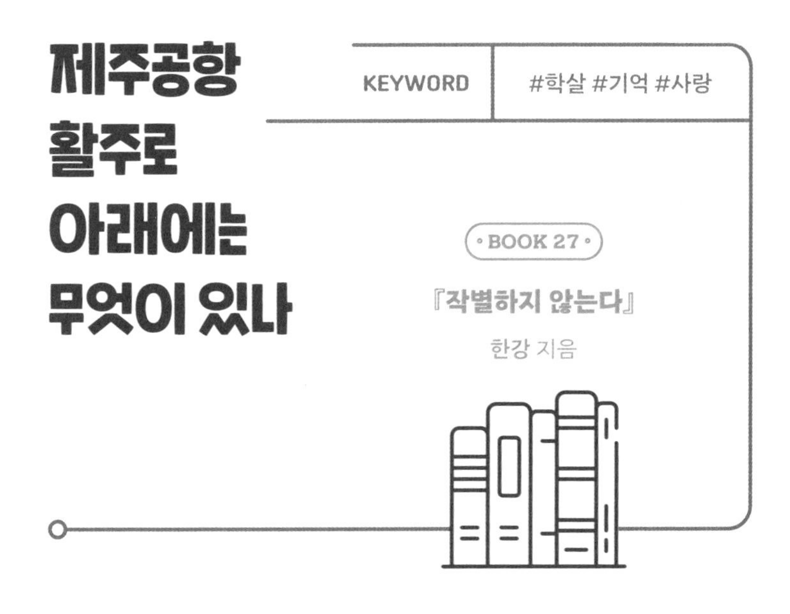

그 참담한 기억을 안고 어떻게 살아왔을까

제주시 원도심을 흐르는 강이 바다로 끝자락, 산지천과 제주 바다가 만나는 그곳에는 산지등대가 있다. 산지등대로 나를 인도한 것은 구글맵이 아니라 우연이었다. 사라봉과 별도봉으로 이어지는 산책로를 걷다가 무심히 바다를 향해 걸어가는데 하얀 등대가 내 발길을 붙잡았다. 등대 옆으로 나지막이 자리 잡은 갤러리에서는《제주어르신그림책 원화전》이 열리고 있었다. 2016년부터 해마다 진행된 '제주어르신그림책학교'의 결과물들이 차곡차곡 정리되어 읽어 줄 이들을 기다리고 있었다. 그렇게 펼쳐 든 그림책을 읽다가 나는 기어코 눈시울을 적셨다. 가슴 아픈 이야기가 너무 많았다. 할머니들이 그림과 글로 풀어놓은 삶의 여정은 파란만장 그 자체였다.

이야기마다 제주 4·3 사건의 참혹한 기억이 등장했다. 토벌대가 가족들을 모두 죽인 이야기, 마을 전체에 불을 놓아 살던 집이 깡그리 불타 버린 이야기, 경찰서에 끌려가 고문을 받은 이야기…. 1948년 4월 3일의 일들이니 할머니들은 그 참담한 기억을 안고서 70년이 넘는 세월을 살아온 것이다.

4·3에 대해 이야기하는 것은 아직까지도 불온하게 여겨진다. 2022년에는 교육과정을 개정하며 4·3을 교과서에서 빼야 한다는 말이 나오고, 한 국회의원이 4·3에 대해 얼토당토않은 공격을 가하기도 했다. 다행히 4·3은 교과서에 살아남았지만, 너무 많은 이들이 4·3을 모르거나 잘못 알고 있는 현실을 생각하니 할머니들의 그림책을 읽는 마음은 더 무거워졌다. 그리고 제주 여행 직전에 읽었던 소설『작별하지 않는다』를 떠올렸다.

소설의 화자인 경화는 친구 인선의 부탁으로 갑작스럽게 그의 집을 찾아 제주에 가게 된다. 인선의 집은 한라산 중산간의 외진 곳이었는데, 마침 엄청난 눈보라가 찾아든 날이었다. 제주의 눈보라는 그야말로 압도적이다. 현대의 기술도 겸허히 머리를 조아리고 하늘이 허락할 때까지 그저 기다려야 한다. 인선은 왜 눈보라 치는 제주로 가 달라고 경화를 재촉했을까?

앵무새 때문이었다. 인선이 목공 작업을 하다가 손가락이 잘려 나가는 부상을 입게 되고, 급히 육지의 병원으로 이송되어 수술을 받았지만, 퇴원은 한참 후에야 가능한데 갑작스럽게 집을 비우느라 앵무새를 위한 조치를 해 두지 못한 것이었다. 인선은 새가 날기 위해 몸무게를 최소화해야 해서 체내에 수분을 저장하지 못한다고 설명한다. 당장 누군가가 물과 먹이를 주지 않는다면 앵무새는 죽게 된다. '그러니 네가 가서 앵무새를 살려 줘.' 경화는 친구의 부탁을 거절하지 못해, 문병을 갔던 그 차림 그대로 눈보라를 뚫고 죽을 고비를 넘겨 가며 인선의 집에 도착한다.

4월은 나에게 지극한 사랑의 계절이 됐다

이 지점부터 소설은 현실과 환상의 경계를 넘나들며 인선의 엄마가 겪어 낸 4·3의 이야기를 펼쳐 놓는다. 지금 서울의 병원에 입원해 있을 인선이 경화의 곁에서 어머니의 이야기를 들려준다. 1948년에 제주에서 어떤 일이 일어났는지, 그 일로 한 소녀의 삶이 어떻게 뒤틀리고 산산이 부서졌는지를, 그리고 그 와중에도 기어코 살아남아 억울하게 학살당한 가족들의 흔적을 치열하게 추적해 간 이야기를.

오늘도 수많은 비행기가 뜨고 내리고 있을 제주공항의 활주로 밑에는 4·3 희생자들의 유골이 묻혀 있다고 한다. 2007년 제주공항 남북활주로 부근에서 대량의 유골이 발견되었는데, 2년간의 발굴 작업으로도 모든 유골을 수습할 수 없었지만 그 자리에 위령비를 세우는 것으로 일이 마무리되어 버렸다. 그 뉴스를 보았던 것이 분명히 기억난다. 그런데 그런 엄청난 일을 나는 어떻게 잊어버릴 수가 있었을까? 기억하는 것이 고통스러워서, 잊으면 편해질 수 있어서였을까? 이와 같은 고민에서 출발해 4·3의 고통스러운 기억, 참혹한 역사를 다시금 직시하고 똑똑히 새기기 위한 '다크투어'★를

★ **다크투어** 잔혹한 참상이 벌어졌던 역사적 장소나 재난·재해 현장을 돌아보며 교훈을 새기는 여행 프로그램을 말한다. 의미가 잘 와닿지 않는다면 국립국어원에서 다듬어 내놓은 표현인 '역사교훈여행'을 떠올려 보면 된다. 제주 4·3 유적지를 방문하는 '제주다크투어' 외에도, 대표적인 예로 우크라이나 체르노빌의 원자력발전소를 방문하는 프로그램, 폴란드의 아우슈비츠 강제 수용소 견학 프로그램 등이 있다.

기획하여 진행하고 있는 이들도 있다.

수술을 받은 인선의 이야기로 돌아가 보자. 인선의 손가락은 수술로 봉합되었지만, 수술 부위를 3분마다 피가 나도록 바늘로 찔러 주어야 했다. 그러지 않으면 신경이 제대로 연결되지 않아 결국 손가락을 잘라 버려야 한다는 설명이었다. 3분마다 닥치는 고통을 견뎌야 하는 인선을, 경화도 곁에서 고통스럽게 지켜본다.

간병인이 인선의 상처에 서슴없이 바늘을 찔러 넣는 동작을 나는 똑똑히 다시 보았고, 인선과 함께 숨을 멈춘 채 후회했다. 좀 전에 병원 로비에서 이미 깨닫지 않았던가. 제대로 들여다볼수록 더 고통스럽다는 걸?

'고작' 앵무새를 살리겠다고 친구에게 위험한 일을 부탁하는 마음, 그 앵무새를 살리겠다고 한라산의 눈보라를 헤치며 나아가던 마음도 마찬가지일 것이다. 한강 작가는 자신의 『작별하지 않는다』를 '지극한 사랑에 대한 소설'이라고 이야기했다. 이것이 어찌 사랑이냐고 소리쳐 반문하고 싶은 마음도 있지만, 나는 알고 있다. 진실에 접근하는 일은 어렵다. 제대로 들여다볼수록 고통스럽다. 하지만 그렇다고 해서 진실에 접근하기를 멈춘다면 영영 손가락을 잃게 되지 않겠는가? 그러니 고통을 견디며 나아가는 것, 그

것이 지극한 사랑이다. 『작별하지 않는다』를 읽고 나니 4월은 지극한 사랑의 계절이 됐다.

이 책이 마음을 울렸다면 내친김에 저자의 전작 『소년이 온다』도 연이어 읽어 보기를 권한다. 5·18 광주민주화운동을 다루고 있어 이 소설 역시 읽기 전에 마음을 다잡을 필요가 있지만, 분명 그럴 만한 가치가 있다.

더 깊이, 더 넓게 읽기

- 한강, 『**소년이 온다**』, 창비
- 고진숙, 『**청소년을 위한 제주 4·3**』, 한겨레출판
- 현기영, 『**순이 삼촌**』, 창비

그것은 정말 나의 권리일까

KEYWORD #권리 #사회 #차별

BOOK 28

『사람을 옹호하라』

류은숙 지음

이제는 영화관에도 '노키즈 상영관'을 만들자고?

점점 많은 사람들이 권리를 이야기한다. '내 재산이니 마음대로 쓰는 것도 내 권리다', '내 입으로 내가 하고 싶은 말을 할 권리가 있다' 하는 식이다. 2019년 독일 함부르크의 한 브런치 카페가 '노키즈존' 운영 방침을 밝힌 것이 화제에 오른 적이 있다. 쏟아지는 비판에 대해 주인은 "내 개인 자금을 투자해 내가 생각한 콘셉트로 운영하는 레스토랑이다. 따라서 내 결정을 정당화할 필요가 없다."라고 답했다.

우리 사회에서도 곧잘 벌어지는 일인지라 굉장히 익숙한 느낌인데, 그와 같은 말들에는 묘하게 설득력이 있는 것 같기도 하다. '그래, 자기 것인데 자기 마음대로 할 수도 있지.' 하는 생각이 드는 것이다. 모든 사람의 권리가 소중하다고 하니 말이다. 그렇지만 미심쩍다. 자기 재산이고 자기 입이면, 정말 마음대로 할 수 있는 권리가 있는 것일까?

1992년부터 인권 운동가로 활동해 온 류은숙 작가는 『사람을 옹호하라』에서 '내 것이니 내 마음대로 할 권리'를 주장하는 사람들을 '권리소비자'라 명명한다. 권리소비자들은 권리가 다른 사람들과의 관계 속에서 형성되고 작동하는 것이라는 사실을 외면하며, 자신의 권리만을 절대화하고 '내가 원하는 것이 곧 나의 권리'라고 착각한다. 이들은 자신을 세계의 중심에 놓고 1인칭의 관점만을 고집한다.

하지만 잠깐만 생각해 보아도 한 사람의 권리가 절대적인 것이 될 수는 없다는 사실을 알 수 있다. 우리는 복잡하게 얽혀 있는 사회적 관계 속에서 살아가고 있으며 나의 행동이나 말, 권리 주장은 반드시 다른 누군가에게 영향을 미친다. 카페를 노키즈존으로 운영하면 그로 인해 차별당하고 배제되는 사람이 나올 수밖에 없으며, 어떤 집단이나 사람들에 대한 혐오 표현★을 세상에 내놓으면 그로 인해 피해를 입는 사람이 생겨날 수밖에 없다.

권리를 이익과 손해라는 식으로 생각하면 권력 관계에서 우세한 쪽의 이익이 우선시된다. 자기 이익을 앞세우는 입장에서는 타자가 권리를 요구하면 이를 손해로 받아들인다. 그런 세계관으로 권리 주장을 보면 존중에 대한 요구 같은 건 눈에 들어오지 않고 손익계산서만 보인다.

소비자는 불편이나 손해를 싫어한다. 지불한 만큼 누려야 한다고 생각하는 것이 특징이다. 권리소비자들은 지하철 파업으로 인해 자신이 감당해야 하는 불편에 분노한다. 그들에게는 파업을 결

★ **혐오 표현** 특정 속성으로 묶을 수 있는 집단, 역사적으로 차별받아 온 집단에 대한 부정적 편견에 기반한 적대적 표현이다. 어떤 말이 혐오 표현인지 헷갈리는 경우에는 KBS가 국내 혐오 연구 권위자인 김민정 한국외국어대학교 미디어커뮤니케이션학부 교수, 홍성수 숙명여자대학교 법학부 교수와 함께 제작한 아래의 '혐오표현 체크리스트'를 참고해 보면 좋을 것이다.
- 부정적인 편견이나 고정관념을 표출하는가?
- 열등한 존재로 묘사하거나 비인격적·경멸적 이름 붙이기인가?
- 웃음거리나 호기심의 대상으로 삼고 있는가?
- 동등한 인격체가 아닌 보호·동정의 대상으로 묘사하는가?
- 질병·범죄 등 위험을 초래할 것이라는 공포감을 부추기는가?
- 차별, 적개심, 폭력 등을 선동하는가?

행하는 지하철 노동자들의 절박한 사정은 고려 대상이 아니다. 당장 내가 겪고 있는 불편만이 문제일 뿐이다. 조용한 시간을 보내려고 찾아간 카페에서 아이들이 떠드는 소리 또한 참을 이유가 없다. '내가 이 카페에 돈을 지불했는데 그들이 나의 평온을 방해하여 손해를 입힌 것'이고 전적으로 '그들의 잘못'이다.

〈겨울왕국 2〉가 개봉하면서 '노키즈 상영관'을 지정해 달라는 요구가 있었다. 아이들이 내는 소음 때문에 영화를 제대로 감상할 수 없다는 것이 그 이유였다. 조용히 영화에 몰입할 권리를 보장해 달라는 것이다. 얼핏 설득력 있는 주장으로 들린다. 하지만 그동안의 영화 관람 경험을 돌이켜 보면 몰입을 방해하는 것은 분명 어린아이들만이 아니다. 휴대폰의 벨소리나 불빛, 누군가 옆 사람과 대화하는 소리, 팝콘을 먹는 소리 등, 관람을 방해하는 요소는 아주 많다. 사실 그와 같은 불편 요소의 대부분이 성인 관객의 탓으로 발생한다. 하지만 그들을 배제하는 상영관을 지정해 달라고 요구하는 사람은 아무도 없다. 그런데 왜 아이들은 배제할 수 있다고 생각할까? 아이들이, 그리고 아이를 동반한 부모가 사회적 약자이기 때문이다. 한마디로 만만하니까 함부로 대하는 것이다.

권리소비자가 아니라 권리주체

우리는 권리소비자가 아니라 권리주체가 되어야 한다. 권리주체는 당장의 불편과 손해를 기꺼이 받아들인다. 지하철 파업이 오늘 나의 출근을 조금 어렵게 만들고 있을지는 모르지만, 노동자의 권리가 제대로 보장되는 사회가 결국 나의 권리도 제대로 보장한다는 것을 알고 있기 때문이다. 영화관 같은 장소에서 다른 사람을 방해하지 않아야 한다는 것은 기본적인 예절이지만, 어린아이들에게 어른들과 똑같은 수준의 예절을 요구할 수는 없는 노릇이다. 지금 내가 불편하다고 해서 나의 권리가 침해되고 있는 것은 아니다. 불편과 권리 침해를 구분할 수 있어야 한다.

우리는 상대방과의 차이를 살피며 구별하고, 경계 짓고, 위계를 만든다. 비장애인과 장애인, 백인과 유색인, 남성과 여성과 같은 대립항들을 생각해 보라. 각각의 대립항 사이에는 반목과 갈등이 있다. 인종차별이 만연해 있는 미국에서는 경찰의 폭력으로 흑인이 사망하는 사례가 드물지 않게 발생한다. 이에 대해 '흑인의 생명도 소중하다'라는 구호를 내걸고 시위가 벌어지자, 다른 편에서는 '모든 사람의 생명은 소중하다' 혹은 '백인의 생명도 소중하다'라는 구호로 맞선다. 이런 식으로 대립항을 설정하면 백인이 흑인을 차별하는 사회구조는 감춰진다. '여성의 권리가 소중하다면 남성의 권리도 소중하다'는 주장 역시 여성을 억압하고 차별하는 사회구조를 감춘다.

『사람을 옹호하라』는 아주 흥미로운 사례를 소개한다. 영국 BBC 유아교육 채널의 캠페인 영상 〈모두를 환영합니다Everyone's Welcome〉는 친구랑 자신의 다른 점이 무엇이냐는 질문에 아이들이 내놓는 대답을 보여 준다. "전 셈을 잘하고 얘는 수영을 잘해요." "전 평지에 살고 친구는 언덕 위에 살아요." 특히 피부색이 서로 다른 두 아이가 서로를 바라보며 차이점을 찾지 못해 난감해하는 장면은 큰 울림을 준다. 유치원에 다니는 두 아이에게는 피부색의 차이가 전혀 눈에 들어오지 않았던 것이다.

아이들이 발견한 차이는 우리가 생각하는 차이와 아주 다르다. 양상추를 좋아하고 싫어하는 것, 셈을 잘하고 수영을 잘하는 것 사이에는 아무런 위계가 없다. 그냥 서로 다를 뿐, 그 이상도 이하도 아니다. 차이를 받아들인다는 것은 이런 것이다. 이제 나와 다른 타인을 받아들이고 함께 사는 법을 우리 모두가 배워야 한다.

더 깊이, 더 넓게 읽기

- 박혜영 외, 『**청소년을 위한 인권 수업**』, 보리
- 류은숙, 『**존엄, 자유, 평등, 연대로 만나는 인권 교과서**』, 낮은산
- 조효제, 『**인권의 최전선**』, 교양인

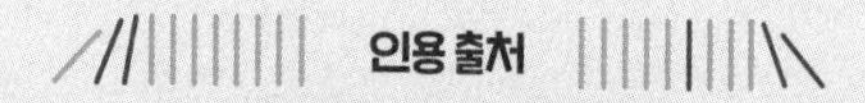

인용 출처

◦ 1부 ◦

제대로 알다

- 『좋아 보이는 것들의 배신』, 캐스린 H. 앤서니 지음, 이재경 옮김, 반니, 2018, 20쪽
- 『공정하다는 착각』, 마이클 샌델 지음, 함규진 옮김, 와이즈베리, 2020
- 『상식 밖의 경제학』, 댄 애리얼리 지음, 장석훈 옮김, 청림출판, 2018, 79쪽
- 『평균의 종말』, 토드 로즈 지음, 정미나 옮김, 21세기북스, 2021, 84쪽
- 『공감의 배신』, 폴 블룸 지음, 이은진 옮김, 시공사, 2019, 21쪽
- 『중세를 오해하는 현대인에게』, 남종국 지음, 서해문집, 2021, 31쪽
- 『가짜뉴스의 고고학』, 최은창 지음, 동아시아, 2020, 59쪽, 451쪽

◦ 2부 ◦

새롭게 보다

- 『이 폐허를 응시하라』, 레베카 솔닛 지음, 정해영 옮김, 펜타그램, 2012, 151쪽
- 『여자를 위한 도시는 없다』, 레슬리 컨 지음, 황가한 옮김, 열린책들, 2022, 100쪽
- 『휴먼카인드』, 뤼트허르 브레흐만 지음, 조현욱 옮김, 인플루엔셜, 2021, 249쪽
- 『캔버스를 찢고 나온 여자들』, 이유리 지음, 한겨레출판, 2020, 20쪽
- 『인생의 역사』, 신형철 지음, 난다, 2022, 246쪽
- 『임진전쟁과 민족의 탄생』, 김자현 지음, 너머북스, 2019, 216쪽
- 『인공지능이 사회를 만나면』, 몸문화연구소 지음, 필로소픽, 2020, 96쪽

◦ 3부 ◦

경계를 넘다

- 『타인이라는 가능성』, 윌 버킹엄 지음, 김하현 옮김, 어크로스, 2022, 314쪽
- 『어른이 되면』, 장혜영 지음, 시월, 2020, 95쪽, 201~202쪽
- 『실격당한 자들을 위한 변론』, 김원영 지음, 사계절, 2018, 13쪽, 211쪽
- 『사이보그가 되다』, 김초엽·김원영 지음, 사계절, 2021, 299쪽
- 『신데렐라는 없었다』, 이영미 지음, 서해문집, 2022, 38쪽
- 『잔류 인구』, 엘리자베스 문 지음, 강선재 옮김, 푸른숲, 2021, 126쪽
- 『눈에 선하게』, 권성아 외 지음, 사이드웨이, 2022, 168쪽

◦ 4부 ◦

손을 잡다

- 『내 친구 압둘와합을 소개합니다』, 김혜진 지음, 원더박스, 2021, 245~246쪽
- 『있지만 없는 아이들』, 은유 지음, 국가인권위원회 기획, 창비, 2021, 137쪽
- 『타인의 신발을 신어 보다』, 브래디 미카코 지음, 정수윤 옮김, 은행나무, 2022, 36쪽
- 『고립의 시대』, 노리나 허츠 지음, 홍정인 옮김, 웅진지식하우스, 2021, 23쪽
- 『타인에 대한 연민』, 마사 누스바움 지음, 임현경 옮김, 알에이치코리아, 2020, 152쪽
- 『작별하지 않는다』, 한강 지음, 문학동네, 2021, 49쪽
- 『사람을 옹호하라』, 류은숙 지음, 코난북스, 2019, 102쪽

북트리거 일반 도서

북트리거 청소년 도서

책이 우리를 이어 줄 거야

N권의 책 속, 길을 내는 질문들

1판 1쇄 발행일 2024년 3월 15일

지은이 박현희
펴낸이 권준구 | 펴낸곳 (주)지학사
본부장 황홍규 | 편집장 김지영 | 편집 양선화 공승현 명준성
책임편집 명준성 | 표지 디자인 스튜디오진진 | 본문 디자인 이혜리
마케팅 송성만 손정빈 윤술옥 | 제작 김현정 이진형 강석준 오지형
등록 2017년 2월 9일(제2017-000034호) | 주소 서울시 마포구 신촌로6길 5
전화 02.330.5265 | 팩스 02.3141.4488 | 이메일 booktrigger@naver.com
홈페이지 www.jihak.co.kr | 포스트 post.naver.com/booktrigger
페이스북 www.facebook.com/booktrigger | 인스타그램 @booktrigger

ISBN 979-11-93378-12-0 43300

북트리거

트리거(trigger)는 '방아쇠, 계기, 유인, 자극'을 뜻합니다.
북트리거는 나와 사물, 이웃과 세상을 바라보는 시선에 신선한 자극을 주는 책을 펴냅니다.